MW01705281

DIEU, PÈRE DE MISÉRICORDE

Conseil de présidence
du grand Jubilé de l'An 2000

DIEU, PÈRE DE MISÉRICORDE

Édition française
traduite de l'italien
avec la collaboration de
Mgr Joseph Doré

MAME

Ouvrage préparé sous la responsabilité du Conseil de présidence du grand Jubilé (Card. R. Etchegaray, président ; Mgr C. Sepe, secrétaire général) par la Commission théologique et historique (R.P. G. Cottier, président ; Mgr R. Fisichella, vice-président).

Traduction de l'italien par père Philippe Curbelié,
père Alexandre Joly,
dom Jean-Charles Nault o.s.b.,
père Jean-Philippe Nault,
sous la responsabilité de Mgr Joseph Doré.

© Mame, Paris, 1998.
ISBN : 2-7289-0868-0

Préface

1. Voici donc qu'avec l'année pastorale et liturgique 1998-1999, nous allons arriver aux portes du Grand Jubilé 2000. Ce dernier permettra à tous les chrétiens de célébrer dans la foi le deuxième millénaire de la naissance, sur notre terre et en notre histoire, pour la gloire de Dieu et le salut du monde, du Seigneur et Sauveur Jésus-Christ.

Selon la perspective de *Tertio millenio adveniente*, 1997 était consacré à la séquence le Christ, le Baptême, la foi, et 1998 à l'Esprit, la Confirmation, l'espérance. La même perspective théologique et pastorale qui nous invite ainsi à associer, à chaque fois, une personne divine, un sacrement ecclésial et une vertu théologale, nous propose maintenant, pour 1999, le Père, la Pénitence/la réconciliation, la charité.

2. Le Christ et l'Esprit qu'il nous envoie nous conduisent en fait au **Père**, de qui tout vient, dans l'histoire et en nos vies, et à qui tout retourne, dès maintenant et à jamais.

Ceux qui ont été baptisés dans le Christ Jésus et confirmés dans l'Esprit Saint se voient proposer, par la miséricorde du Père, le pardon de leurs péchés et leur **réconciliation** en Église.

La foi au mystère théologal et sacramentaire du salut n'engendre pas seulement l'espérance pour demain et toujours ; elle appelle aussi, très concrètement, à vivre ici et aujourd'hui, jour après jour, et année après année, les exigences et les fidélités de la **charité**.

3. Préparé, comme les précédents, sous la responsabilité du

Conseil de présidence du grand Jubilé et dans le cadre précis de sa Commission théologique et historique, le présent ouvrage fournit aux chrétiens, à leurs communautés et à leurs pasteurs, les éléments d'une méditation centrée sur le mystère du Dieu-*Père* qui, tout à la fois, nous propose de bénéficier de son infinie *miséricorde* et nous invite à lui rendre, en ce monde, un témoignage convaincu et attentionné : « Soyez miséricordieux comme votre Père est miséricordieux. »

Les trois premiers chapitres nous parlent du Dieu que Jésus nous révèle : il est à la fois son Père et notre Père. Les trois suivants explicitent le lien entre la paternité de Dieu à sa miséricorde envers nous. Cette dernière s'exprime spécialement dans le pardon qui est annoncé et accordé, dans l'Église, aux croyants sauvés par la Pâque du Fils et rassemblés par l'Esprit commun au Père et au Fils. Introduits par une méditation sur « Marie, signe de la miséricorde du Dieu Trinité », les derniers chapitres nous invitent à tirer des conclusions respectivement pour notre vie et notre prière.

Enfants pardonnés du Père qui est aux cieux, les chrétiens sont appelés à *vivre sur la terre* dans l'esprit évangélique du « primat de l'amour ». Selon cette prière que Jésus leur a apprise et qui se présente comme une « synthèse de tout l'Évangile », ils sont aussi conviés à *s'adresser au Père*, pour lui demander qu'enfin, parmi leurs frères, Son règne vienne.

† Joseph DORÉ,
Commission historique et théologique
du grand Jubilé,
Comité épiscopal français
de préparation du Jubilé.

1

Le nom de Dieu

Qui est l'homme ? Cette question inquiète le monde moderne, qui a avancé à son sujet d'innombrables réponses. L'homme est un penseur, un artisan, un créateur, mais il est aussi oppressé par un conditionnement économique, psychologique et social. Certains le considèrent comme appelé constamment à se dépasser ; se souvenant de tous les résultats de l'histoire et de la culture, ils rêvent de conquérir les étoiles grâce à la technologie, ou imaginent un univers de paix et de prospérité. D'autres, au contraire, observent les horreurs qu'il a commises dans sa longue histoire : exploitation des faibles, guerres, assassinats, esclavage. Le progrès technologique a aggravé la cruauté de l'homme dans son rapport avec le prochain, et a aussi augmenté la pollution de l'environnement naturel. Ils soulignent d'autre part son incroyable incapacité à expliquer tant ce qu'il est que ce qu'il veut. De nombreuses études ont consacré beaucoup de temps et d'énergie à la recherche de la vérité sur l'homme, et n'ont pas réussi à s'accorder. Dans le monde moderne, on a d'ailleurs l'impression que les philosophes ont renoncé à l'espérance de la vérité, considérant chaque théorie comme un rideau de fumée qui couvre les instincts les plus fondamentaux et les plus irrationnels de l'homme. Ce dernier peut atteindre les étoiles, mais n'arrive plus à vivre en paix dans sa propre famille. Tous les hommes désirent le bonheur, mais ils ne réussissent pas à se mettre d'accord sur ce qu'il représente, et ils semblent surtout incapables de l'atteindre.

Nous voyons l'homme dans sa gloire et dans sa misère. Hamlet reconnaissait la contradiction que l'homme était pour lui-même : « Quel chef-d'œuvre est l'homme ! Si noble en sa raison, infini dans ses facultés ! De formes et de mouvements si expressifs, si admirables ! En action, pareil à un ange ! D'entendement pareil à un dieu ! Joyau du monde ! Sommet de la création !... Ah ! qu'est pour moi, pourtant, cet agrégat de poussière [1] ? »

L'homme est composé de gloire et de misère, de vie et de mort. Mais sa gloire est-elle une simple arrogance et sa misère un simple aiguillon pour croître ? Pascal s'exprima, lui aussi, sur le dilemne de l'homme : « Quelle chimère est-ce donc que l'homme ? Quelle nouveauté, quel monstre, quel chaos, quel sujet de contradiction, quel prodige ! Juge de toutes choses, imbécile ver de terre dépositaire du vrai, cloaque d'incertitude et d'erreur : gloire et rebut de l'univers. Qui démêlera cet embrouillement [2] ? »

Les hommes ont donc besoin de réponses à leurs questions sur le sens de l'existence. Sans elles, tout espoir d'agir unanimement vers un but commun semble exclu, et la base de la coopération civile détruite. Si le pluralisme idéologique reste insurmontable, on débouchera sur un conflit sans fin, ou bien un groupe idéologique imposera finalement sa vision aux autres. Sans la lumière de la raison, les hommes s'égareront dans une forêt toujours plus obscure. *L'homme reste donc un mystère pour lui-même*. S'il doit compter seulement sur lui pour se comprendre, il est condamné à l'insatisfaction. Son mystère ne peut être compris qu'à la lumière d'un Mystère plus grand. Aussi les hommes ont-ils toujours regardé vers Dieu afin de répondre aux questions qu'ils se posent sur eux-mêmes.

Les civilisations anciennes étaient bien conscientes des limites de l'homme, de son incapacité à résoudre ses propres problèmes ou à réaliser ses espérances personnelles. Elles constataient souvent que les meilleurs projets n'étaient pas forcément couronnés de succès, que les grands empires finissaient par disparaître, et que les moissons ou les récoltes pouvaient facilement être anéanties. Face

---

1. *Hamlet*, Acte II, scène II, coll. La Pléiade, éd. Gallimard, Paris 1959, p. 643.
2. *Pensées*, Br. n° 434.

à l'immensité de l'univers, l'homme sombrait dans un manque de sens. Le poète grec Homère observait avec acuité et tristesse : « Comme naissent les feuilles, ainsi naissent les hommes. Les feuilles, tour à tour, c'est le vent qui les épand sur le sol, et la forêt verdoyante qui les fait naître, quand se lèvent les jours du printemps. Ainsi les hommes : une génération naît à l'instant même où une autre s'efface [3]. » Si la réalité humaine chute donc comme une feuille balayée par le vent, sans une nouvelle jeunesse au printemps, il ne semble pas qu'il y ait d'espoir pour trouver dans l'homme une réponse définitive aux questions qui le troublent. Aussi, au lieu d'observer la réalité humaine, éphémère et instable, les anciens regardaient-ils le divin. « Qui est Dieu ? » était leur question centrale sur le sens de l'existence. Ils étaient cependant presque tous d'accord sur le fait que, contrairement à l'instabilité et à la mortalité de l'homme, le divin était immortel et immuable.

Après cet accord initial, les diverses conceptions qu'avait l'humanité sur le divin étaient souvent en conflit entre elles. Qu'est-ce que le divin ? Beaucoup considéraient l'univers lui-même comme divin. Certes, avec son évolution lente, il existait avant l'homme et donnait l'impression de continuer à exister après le retour à la poussière de la génération présente. Mais sous quelles formes se serait manifesté le divin ? Certains observaient la nature avec le retour rythmé de ses saisons ; elle offrait une stabilité de base au déroulement ordonné de la vie humaine. D'autres observaient les étoiles et trouvaient dans les astres et dans leurs cycles récurrents, un guide pour l'agir humain. Mais quel est le rapport entre l'homme et le divin ? Le divin est-il personnel ? La divinité prend-elle soin des hommes ? Puisque les hommes n'avaient que la création visible pour guider leur esprit et leur imagination, et puisque la création visible semblait si ambiguë, on défendait alors une variété d'opinions. Il y avait des forces divines qui gouvernaient le monde, et l'homme devait leur rendre compte. Il devait chercher en effet à contrôler ou à rendre favorable ceux qui avaient soutenu ses entreprises et en garantiraient le succès.

1. Homère, *Illiade*, VI, 146-149, coll. *Belles Lettres*, Paris, 1937.

Puisque les initiatives humaines échouaient souvent, les hommes comprirent qu'il ne serait pas facile de contrôler la divinité. L'univers ressemblait à un champ de bataille où s'affrontaient de nombreuses forces hostiles, et l'homme se découvrait alors, dans son être même, tiraillé entre des désirs conflictuels. Il se trouvait poussé tantôt par une tendre pitié, tantôt par la colère, puis subitement par la passion et enfin par le remords. L'or attirait certains ; le pouvoir ou la connaissance, d'autres. L'homme ne savait pas toujours ce qu'il voulait puisque les forces dominantes de l'univers continuaient à s'affronter en lui. Il n'est pas surprenant que, pour expliquer ce mélange tumultueux de désirs et de forces, on imaginât une multitude de divinités. Elles suscitaient les désirs de l'homme de la même façon qu'elles luttaient pour contrôler le cours externe des événements de l'univers. Et comme il fallait se les rendre favorables, l'homme vivait dans la crainte d'ignorer, par inadvertance, l'une ou l'autre ! Les grands poètes épiques Homère et Virgile ont chanté le destin de la ville de Troie, où tant d'êtres humains furent détruits parce qu'impliqués dans les rivalités entre dieux. Le fameux poète tragique grec Eschyle a retracé le destin tragique de la famille d'Agamemnon, contrainte à payer le prix d'une justice vengeresse basée sur la loi du talion, aux différents dieux et déesses, à la fin de la guerre de Troie. Euripide raconte la misérable fin d'Hippolyte : dans son désir de servir la chaste déesse Artémis, il se heurta à la déesse de l'amour, Aphrodite, qui jeta sur lui et sur la maison de son père, sa vengeance. En effet, les païens étaient très préoccupés par la prière à adresser aux divinités avec leurs différents titres, pour n'en omettre aucun et éviter de ne pas être écoutés ou, pire, de susciter la colère divine. Jésus connaissait quelque chose du triste sort de l'humanité païenne quand il disait à ses disciples : « Dans vos prières, ne rabâchez pas comme les païens : ils s'imaginent qu'en parlant beaucoup ils se feront mieux écouter. » À l'inverse, il enseigna aux disciples à prier avec simplicité le *Notre Père* (cf. Mt 6, 7-13). Pour les chrétiens, Dieu se révèle comme leur Père miséricordieux.

Qu'y a-t-il dans un nom ?

Jésus pouvait instruire ses disciples de cette façon car, comme juifs, ils étaient dépositaires d'une longue tradition de foi en un unique Dieu et Seigneur. Quand Dieu appela Abraham (de Mésopotamie, d'Ur en Chaldée et Haran), celui-ci laissa son pays, ses parents et même la maison de son père, pour servir exclusivement Dieu. S'ouvrait ainsi une nouvelle époque de l'histoire de l'humanité. Abram était destiné à être une bénédiction pour toutes les familles de la terre. De ses entrailles sortirait un peuple nouveau entièrement consacré au Seigneur (Gn 11, 31 ; 12, 5). En échange de la fidélité d'Abram, Dieu concluait une alliance, lui promettant un grand destin. Cette nouvelle relation était si décisive que Dieu changea le nom d'Abram : « Moi, voici mon alliance avec toi : tu deviendras père d'une multitude de nations. Et l'on ne t'appellera plus Abram, mais ton nom sera Abraham, car je te fais père d'une multitude de nations » (Gn 17, 4s). Bien qu'Abraham soit une variante dialectale d'Abram qui signifie « le Père (divin) est exalté », sa ressemblance, en hébreu, avec « père d'une multitude » indique l'importance de l'alliance. Mais, au début, le dessein de Dieu était concentré sur les descendants immédiats d'Abraham. L'Ancien Testament raconte l'histoire des interventions de Dieu à l'égard du peuple élu pour le préparer à la révélation finale en son Fils : « Après avoir, à maintes reprises et sous maintes formes, parlé jadis aux Pères par les prophètes, Dieu, en ces jours qui sont les derniers, nous a parlé par le Fils, qu'il a établi héritier de toutes choses, par qui aussi il a fait les siècles » (He 1, 1-2). L'autorévélation divine advint graduellement dans le temps. En effet, c'est seulement à travers le temps que les hommes pouvaient apprendre qui est Dieu et ce qu'ils sont appelés à être.

Pour l'homme de l'Antiquité, le nom était essentiel. Il donnait à chacun une identité non seulement vis-à-vis des autres, mais également vis-à-vis de Dieu. Aussi, l'attribution du nom tenait habituellement compte du père qui avait engendré le fils. L'enfant était alors non seulement connu comme le fils ou la fille d'untel, mais le père lui transmettait aussi son propre nom personnel. Dans le Moyen-Orient ancien, un roi victorieux imposait souvent, par traité, un nouveau nom au roi déchu, pour montrer que celui-ci lui appartenait comme vassal. Aussi, quand Dieu changea le nom d'Abram en Abraham, celui de Saraï en Sarah, ou de Jacob en Israël, ce geste indiquait qu'Il donnait une bénédiction et établissait une relation spéciale avec eux. Il les prenait sous sa protection et eux, en retour, devaient l'honorer comme leur Seigneur (cf. Gn 17, 5.15 ; 32, 28). Donnant un nom aux animaux par ordre de Dieu, Adam exprimait lui aussi un pouvoir sur eux (cf. Gn 2, 19s). De la même façon, le Serviteur souffrant, proclamant que Dieu l'avait appelé par son nom dès le sein maternel, déclarait ainsi que Dieu l'avait choisi pour qu'il lui appartienne de façon spéciale ; Dieu lui avait assigné une tâche et il se trouvait alors sous sa protection (cf. Is 49, 1-6). Jérémie et saint Paul reconnaîtront, eux aussi, que Dieu les a appelés dès le sein maternel (cf. Jr 1, 5-10 ; Ga 1, 15s). Jésus lui-même changera le nom de Simon en « Pierre » pour indiquer la fonction qu'il devrait remplir dans l'Église (cf. Mt 16, 17-19). D'une façon similaire, dans l'Église, les enfants reçoivent leur nom quand ils sont baptisés dans le Christ, Dieu fait homme, pour les sauver et leur montrer ce que signifie vraiment pour l'homme être image de Dieu. Ils deviennent ainsi fils de Dieu dans le Fils.

Les noms de Dieu

Comme pour les hommes, pour Dieu aussi le nom a une grande importance. Son identité personnelle y est exprimée. Dans l'Antiquité, on pensait que la connaissance du nom d'une personne donnait un certain pouvoir sur elle. Pour cette raison, après la lutte entre Dieu et Jacob où le nom de « Jacob » fut changé en « Israël », Dieu refusa de révéler son propre nom (cf. Gn 32, 29s ; et Jg 13, 17-17). Les temps n'étaient pas encore mûrs et Jacob n'était pas encore prêt. Non que Dieu fût sans nom. L'Ancien Testament lui en attribuait en abondance et cette multiplicité révélait quelque chose du mystère divin. De fait, un seul nom ne permettait pas à l'homme de l'identifier pleinement. Cependant, chacun révélait quelque chose de la manière par laquelle Dieu s'était révélé à l'homme. Souvent Dieu était appelé *El*, ce qui, dans la langue des sémites, était le nom commun pour dire Dieu. Mais il pouvait s'appliquer à n'importe lequel de la multitude des dieux, sans le distinguer des autres. Une distinction ultérieure fut appliquée pour spécifier à quel dieu on se référait. Le dieu ou la déesse pouvaient ainsi être personnalisés par l'indication du lieu où le dieu apparaissait, ou par l'endroit où était construit un lieu de culte en son honneur (ex : *El Béthel* en Gn 35, 7). Mais le dieu pouvait aussi être identifié par l'indication de celui qui le vénérait ; ainsi Dieu était reconnu comme le Dieu d'Abraham, d'Isaac et de Jacob, car il leur était apparu et ils l'avaient vénéré. Dieu était donc connu à travers ses apparitions dans l'histoire et à travers le peuple qu'il avait choisi.

Probablement à cause du caractère indéterminé du terme *El*, les anciens Israélites, qui connaissaient la suprématie de leur Dieu sur tous les autres, cherchaient à exprimer cette prééminence avec le mot *Elohim*. Ce titre introduisait un usage grammatical exceptionnel. Bien qu'*Elohim* soit une forme de pluriel, il est suivi par le verbe au singulier quand il désigne le Dieu d'Israël. La forme plurielle du substantif suggère alors une intensification ou même une absolutisation de la divinité ; quelque chose comme « Dieu des dieux » ou « Dieu suprême ». Le Dieu d'Israël n'admettait pas de dieux étrangers en face de lui (cf. Ex 20, 2s).

Dans l'alliance fondamentale avec Abraham, Dieu se présentait lui-même comme *El Shaddaï*, « le Dieu tout-puissant ». Même si ce nom le séparait déjà de tous les autres dieux qui étaient moins puissants, Dieu précisa à Moïse qu'il n'était apparu aux patriarches que sous ce nom, « mais mon nom de Yahvé, je ne leur ai pas fait connaître » (Ex 6, 3). Sa réalité plus intime implique donc un mystère plus profond. Aussi Dieu souligna-t-il la signification et la nouveauté de son autorévélation à Moïse dans le buisson ardent. Là, pour la première fois, le Dieu des pères, celui d'Abraham, d'Isaac et de Jacob, s'identifie avec un nom qui n'est ni le dérivé d'une désignation générique et sémitique de la divinité, ni celui d'une caractéristique divine que substitue un nom. Quand Moïse demanda à Dieu comment s'appelait le Dieu des pères d'Israël, il lui fut répondu : « "Je suis celui qui est". [...] Voici ce que tu diras aux Israélites : “Je suis” m’a envoyé vers vous. [...] Yahvé le Dieu de vos pères, le Dieu d’Abraham, le Dieu d’Isaac et le Dieu de Jacob m’a envoyé vers vous. C’est mon nom pour toujours, c’est ainsi que l’on m’invoquera de génération en génération » (Ex 3, 14-15).

Le nom de Dieu en hébreu, qui se dit YHWH, exprime la grande sainteté de Dieu, mais n’indique pas un Dieu totalement transcendant. Par la révélation à Moïse, Dieu était clairement lié non seulement à lui comme à son plus grand prophète, mais aussi aux grandes actions historiques par lesquelles il libéra Israël de l’esclavage égyptien et le constitua comme peuple spécial entre tous les peuples de la terre. À travers Moïse, Dieu parla ainsi à Israël : « Je suis Yahvé et je vous soustrairai aux corvées des Égyptiens ; je vous délivrerai de leur servitude et je vous rachèterai à bras étendu et par de grands jugements. Je vous prendrai pour mon peuple et je serai votre Dieu. Et vous saurez que je suis Yahvé, votre Dieu, qui vous aura soustraits aux corvées des Égyptiens. Puis je vous ferai entrer dans la terre que j’ai juré de donner à Abraham, à Isaac et à Jacob, et je vous la donnerai en patrimoine, moi Yahvé » (Ex 6, 6-8).

Indéniablement, la révélation du nom de Dieu était plus qu’une information parmi d’autres. Dans son autorévélation, Dieu constituait son peuple, un peuple appelé à le vénérer et à être libéré. Dieu ne consentait aucune neutralité face à lui. Son choix donnait naissance à la réponse de l’homme. De façon semblable à l’alliance mosaïque qui représentait une plus pleine réalisation de l’alliance étroite avec Abraham, la Nouvelle Alliance dans le sang de notre Seigneur Jésus-Christ représenta la réalisation et le dépassement de l’Ancienne par la révélation finale de Dieu, la constitution d’un nouveau peuple et sa libération du péché. Écrivant à la fin du Nouveau Testament, saint Jean proclame de façon très claire la réalité mystérieuse de Dieu : « Dieu est amour » (1 Jn 4, 8.16). Cette nouvelle désignation n’est pas l’abstraction qu’un philosophe pourrait appliquer à l’essence divine dans la mesure où Dieu s’aime comme le Bien suprême. Pour saint Jean, Dieu est au contraire le Père qui existe en relation éternelle avec le Fils et l’Esprit Saint. Dieu le Père peut ainsi être Amour pour la seule raison que Dieu est Père, Fils et

Esprit Saint. En tant que tri-personnel, Dieu donne une nouvelle signification, la sienne propre, à l'amour, et montre ainsi aux hommes à l'image de Qui ils sont créés. En Jésus, Dieu s'est révélé comme un Père qui aime et désire réconcilier tous les hommes avec lui. « Père » n'est pas le nom inventé par les hommes pour désigner, en quelque sorte, et moyennant une analogie avec la génération humaine, le mystère ineffable et créateur qui se tiendrait derrière l'univers. « Père » est plutôt l'autorévélation de Dieu en vue de laquelle l'univers fut créé. Comme l'écrivit saint Paul : « C'est pourquoi je fléchis les genoux en présence du Père de qui toute paternité, au ciel et sur la terre, tire son nom » (Ep 3, 14s). Les hommes sont devenus fils de Dieu seulement parce qu'à l'origine Dieu est Père, et toute paternité humaine n'a donc de signification que dans la mesure où elle reflète le mystère d'amour qui est à l'origine de tout, tant au ciel que sur la terre. « Père », par conséquent, révèle très profondément qui est Dieu et révèle aux hommes leur vocation.

2

Dieu le Père

Dieu est un mystère d'amour, d'amour trinitaire. En effet, le Père aime le Fils par le lien du Saint-Esprit, qui est l'Amour réciproque entre les deux. Ce mystère central du christianisme est la source et la fin de tous les autres mystères et de tout ce qui a vie dans l'Église. Ainsi, l'unique moyen pour nous de connaître le mystère de la Trinité éternelle survient-il à travers l'œuvre de notre salut réalisé en Jésus Christ, l'unique Fils de Dieu. Notre salut consiste en effet en la participation à la vie même de la Trinité. Ce qui a été révélé dans les Saintes Écritures ne vise pas à satisfaire notre curiosité intellectuelle. Cela a été révélé pour notre salut (cf. 2 Tm 3, 15s).

Le mystère de l'Incarnation a engagé toute la Trinité. Le Père envoya l'ange Gabriel annoncer à Marie la naissance d'un enfant qui sera appelé : « Fils du Très-Haut ». L'engendrement humain du « Fils de Dieu » aura lieu par l'œuvre de l'Esprit Saint (cf. Lc 1, 26.31s35 ; Mt 1, 18.20 ; Ga 4, 4-6). Au début de la vie publique de Jésus, le mystère de la Trinité va être à nouveau révélé, cette fois-ci ouvertement, à tous. Après que Jésus fut baptisé par Jean, l'Esprit Saint descendit sur lui sous la forme d'une colombe, et la voix du Père proclama : « Celui-ci est mon Fils bien-aimé, qui a toute ma faveur » (Mt 3, 16). Jean-Baptiste, qui était rempli de l'Esprit Saint depuis le sein maternel (cf. Lc 1, 15), avait proclamé l'avènement de celui qui baptiserait dans l'Esprit Saint (cf. Lc 3, 16 ; Mc 1, 8-11). Il était donc capable de le reconnaître lorsqu'il descendit et se posa sur Jésus, et pouvait témoigner que celui-ci était vraiment le « Fils de Dieu » (cf. Jn 1, 32-34).

La fin du ministère terrestre de Jésus rappelle son début. L'Évangile de Matthieu se termine en effet par le récit de l'envoi de ses disciples pour continuer sa mission : « Tout pouvoir m'a été donné au ciel et sur la terre. Allez donc, de toutes les nations faites des disciples, les baptisant au nom du Père et du Fils et du Saint-Esprit, et leur apprenant à observer tout ce que je vous ai prescrit. Et voici que je suis avec vous pour toujours jusqu'à la fin du monde » (Mt 28, 18-20).

Jésus avait reçu son autorité du Père ; son but était donc de révéler le mystère de Dieu. Par exemple, quand il affirme : « Tout m'a été remis par mon Père, et nul ne connaît le Fils si ce n'est le Père, et nul ne connaît le Père si ce n'est le Fils, et celui à qui le Fils veut bien le révéler » (Mt 11, 27). Rapportant la même parole du Seigneur, Luc la commente en précisant à propos de Jésus : « À cette heure même, il tressaillit de joie sous l'action de l'Esprit Saint et il dit [...] » (Lc 11, 21). De cette façon, il affirmait que la confession publique du Père de la part de Jésus était professée dans l'Esprit Saint. Père, Fils et Esprit Saint sont unis dans l'œuvre de la révélation et de la rédemption. Sous l'action de l'Esprit, les croyants peuvent confesser Jésus comme Seigneur, et reconnaître, dans le Fils, le visage de leur Père miséricordieux (cf. 1 Co 12, 3 ; Jn 14, 9). Tout comme la vie publique de Jésus commença au baptême de Jean avec une manifestation du mystère de la Trinité, l'œuvre du salut, après la résurrection, continue dans la puissance du Dieu un et trine. L'œuvre de Jésus, qui consiste à proclamer l'amour du Père dans la puissance de l'Esprit Saint, se poursuit dans son Église ; par le baptême, ses disciples communiquent la vie trinitaire à tous les croyants.

Les premières communautés chrétiennes étaient comblées par la vie trinitaire. Saint Paul, à la fin de sa *Seconde lettre aux Corinthiens*, écrit : « La grâce du Seigneur Jésus Christ, l'amour de Dieu et la communion du Saint-Esprit soient avec vous tous ! » (2 Co 13, 13). Par cette phrase conclusive, il résume le thème récurrent de ses lettres : les chrétiens sont appelés à partager la vie de Dieu le Père, par son Fils Jésus Christ, dans l'Esprit Saint.

Dieu Père dans la création

« Béni soit le Dieu et Père de notre Seigneur Jésus Christ, qui nous a bénis par toutes sortes de bénédictions spirituelles, aux cieux, dans le Christ. C'est ainsi qu'Il nous a élus en lui, dès avant la fondation du monde, pour être saints et immaculés en sa présence, dans l'amour, déterminant d'avance que nous serions pour Lui des fils adoptifs par Jésus Christ. Tel fut le bon plaisir de sa volonté, à la louange de gloire de sa grâce, dont Il nous a gratifiés dans le Bien-aimé. En lui nous trouvons la rédemption par son sang, la rémission des fautes selon la richesse de sa grâce, qu'Il nous a prodiguée, en toute sagesse et intelligence : Il nous a fait connaître le mystère de sa volonté, ce dessein bienveillant qu'Il avait formé en lui par avance, pour le réaliser quand les temps seraient accomplis : ramener toutes choses sous un seul Chef, le Christ, les êtres célestes comme les terrestres » (Ep 1, 3-10 ; cf. Col 1, 11-20).

Ce texte permet surtout d'affirmer que le Père ne fut pas seul dans la formulation de son plan de salut. Le Fils était toujours avec lui. En effet, avant sa mort, Jésus pria ainsi : « Et maintenant, Père, glorifie-moi auprès de toi de la gloire que j'avais auprès de toi, avant que fût le monde » (Jn 17, 5). De même, au début de son Évangile, Jean affirme : « Au commencement était le Verbe et le Verbe était avec Dieu et le Verbe était Dieu. Il était au commencement avec Dieu. Tout fut par lui, et sans lui rien ne fut » (Jn 1, 1-3). Paul a décrit le Christ comme médiateur de la création : « Pour nous en tout cas, il n'y a qu'un seul Dieu, le Père, de qui tout vient et pour qui nous sommes, et un seul Seigneur, Jésus Christ, par qui tout existe et par qui nous sommes » (1 Co 8, 6).

Dans le plan de Dieu, toute chose vient du Père par le Fils et tout doit retourner au Père par le Fils. Parlant de la résurrection finale, quand tous les hommes ressusciteront dans le Christ, saint Paul écrit : « De même en effet que tous meurent en Adam, ainsi tous revivront dans le Christ. Mais chacun à son rang : comme prémices, le Christ ; ensuite ceux qui seront au Christ, lors de son Avènement. Puis ce sera la fin, lorsqu'il remettra la royauté à Dieu le Père, après avoir détruit toute Principauté,

Domination et Puissance. Car il faut qu'il règne *jusqu'à ce qu'il ait placé tous ses ennemis sous ses pieds* (Ps 8, 6). Le dernier ennemi détruit, c'est la mort ; car *il a tout mis sous ses pieds*. Mais lorsqu'il dira : "Tout est soumis désormais", c'est évidemment à l'exclusion de Celui qui lui a soumis toutes choses. Et lorsque toutes choses lui auront été soumises, alors le Fils lui-même se soumettra à Celui qui lui a tout soumis, afin que Dieu soit tout en tous » (1 Co 15, 22-28).

La même médiation du Christ est réévoqué dans la *Lettre aux Colossiens*, avec la description de la place et du rôle du Christ dans l'œuvre du salut : « Il est l'Image du Dieu invisible, Premier-Né de toute créature, car c'est en lui qu'ont été créées toutes choses, dans les cieux et sur la terre, les visibles et les invisibles. Trônes, Seigneuries, Principautés, Puissances : tout a été créé par lui et pour lui. Il est avant toutes choses et tout subsiste en lui. Et il est aussi la Tête du Corps, c'est-à-dire de l'Église : Il est lc Principe, Premier-né d'entre les morts, (il fallait qu'il obtînt en tout la primauté), car Dieu s'est plu à faire habiter en lui toute la Plénitude et par lui à réconcilier tous les êtres pour lui, aussi bien sur la terre que dans les cieux, en faisant la paix par le sang de sa croix » (Col 1, 15-20).

L'autorité du Père

Quelles sont les relations entre le Père et le Fils ? Il est clair que l'un n'est pas plus ou moins divin que l'autre : les deux sont pleinement et vraiment Dieu. Cependant, il ne faut pas imaginer le Père et le Fils comme deux personnes simplement identiques. Il y a une vraie diversité à l'intérieur de la divinité. Bien que quelques représentations artistiques médiévales montrent les trois personnes de la Trinité comme des figures identiques, cette tentative de souligner l'égalité de leur divinité ne fait pas pleine justice à leur diversité personnelle, à l'intérieur même du mystère infini de l'amour trinitaire.

Une aide précieuse pour notre réflexion nous est offerte par saint Hilaire, dans sa discussion sur un passage de l'Évangile très connu par l'usage qu'en faisaient les ariens : « Parce que le

Père est plus grand que moi » (Jn 14, 28). L'évêque de Poitiers trouvait dans cette expression un sens très profond. Assurément, dans l'économie du salut, il soutenait que le Fils était devenu "moins" que le Père dans la mesure où sa nature divine s'était désappropriée de la condition divine, assumant une condition d'esclave et devenant obéissant jusqu'à la mort. Par cette obéissance, le Père rétablit le Fils dans son égalité de condition, et lui donna le Nom qui est au-dessus de tout nom, le rendant de nouveau Fils, un avec lui dans sa gloire (cf. Ph 2, 6-11). Le Père est plus grand, poursuit Hilaire, par son « autorité » dans le don du Nom divin au Fils, ainsi que dans sa capacité à le glorifier. Aussi la parole de Jésus : « Le Père et moi nous sommes un » reste vraie car Jésus est dans la gloire du Père. « Le donateur est plus grand, mais celui auquel il est concédé d'être un avec lui n'est pas inférieur. » En vérité Hilaire se rendait compte que ce qui fut accompli et révélé dans l'économie du salut, dans l'incarnation, la mort, la résurrection et l'ascension du Fils, s'appliquait aussi à la relation éternelle du Père avec le Fils. Dieu comme Père a une autorité plus grande ; mais ceci ne rend pas le Fils inférieur. « Le Père est donc plus grand que le Fils : évidemment, celui qui donne tout ce qu'il est lui-même, est le plus grand. » Mais de nouveau le Fils, qui possède la nature du Père, et reçoit son être de son engendrement éternel, n'est pas inférieur. « Le Père est plus grand : vois en ceci la reconnaissance de l'autorité du Père [1]. »

Hilaire tire son argumentation du terme *auctoritas*. Ce mot latin est traduit littéralement par « autorité ». Pour beaucoup, aujourd'hui, ce terme suscite une résistance à cause de son usage dans l'histoire récente. Par exemple, les Lumières, en Europe, prétendaient libérer l'homme de toute tutelle et autorité afin qu'il voie et décide, de façon autonome, ce qu'il est vrai et juste de faire. L'homme refusa dès lors toutes les sources d'autorité hormis son propre « je ». Cette orientation favorisa l'abandon de toutes les traditions, et l'isolement de l'individu par rapport à la société. Il en vint à parcourir sa propre route dans le monde et à le dominer. Avec le temps, cet individualisme

1. *De Trinitate*, IX, 52-56 ; XI, 12 ; PL 10, 325A-327B, 470C.

extrême donna naissance à l'aliénation qui, à son tour, provoqua la forte opposition du collectivisme totalitaire, dans lequel l'individu n'a de sens que dans le groupe, dont l'unité est maintenue par l'autorité d'une idéologie ou d'un chef charismatique. Les excès et la déroute de tels régimes autoritaires, qu'ils soient fascistes, socialistes ou communistes, ont confirmé le refus catégorique de l'autoritarisme sous toutes ses formes. Aujourd'hui encore, quelques idéologies féministes refusent toute autorité ou tout rôle paternel, considéré comme paternaliste et autoritaire.

Nous vivons à une époque qui a attaqué la notion même de paternité et qui proclame sa propre rébellion vis-à-vis de l'autorité. Hilaire n'entendait pas l'autorité d'abord comme un ordre qui vient de l'extérieur de l'homme. L'*auctoritas* pouvait certes être comprise en termes de puissance ou même de décrets juridiques, mais elle avait aussi un sens beaucoup plus ample. Fondamentalement, en fait, elle manifestait la qualité d'être un *auctor*. Cette parole latine désigne le « fondateur », le « père » ou l'« ancêtre », dans le sens de celui qui donne l'existence à un autre en accroissant son bien-être et sa prospérité. Cela désignait donc quelque chose de très positif. Comme un père bon ne se contente pas de donner la vie à son fils mais en soutient la croissance avec son amour, ainsi, pour Hilaire, l'autorité de Dieu le Père sur le Fils n'était pas une condition imposée et extérieure, mais bien l'autorité de l'amour. Elle dérivait de la communication de la nature et de l'être du Père au Fils, car la vraie nature de Dieu est l'amour.

La conception de saint Hilaire peut donc aider à mieux comprendre le mystère central de l'amour chrétien. Sans aucun doute, la vie intérieure de Dieu n'est pas seulement une identité statique dans laquelle les personnes divines resteraient dans un état d'immobilité. La vie de Dieu est abondante, infinie et débordante. Si la mesure chrétienne est « bonne, tassée, secouée, débordante » (Lc 6, 38), cette mesure ne trouve-t-elle pas son modèle et sa norme en Dieu, qui est le Tout-miséricordieux ? La vie intérieure de Dieu est un échange infini en Dieu, une autodonation continue entre le Père et le Fils dans l'Esprit Saint. Le Père donne toute sa divinité au Fils, et celui-ci la restitue au Père. Dans cet échange, il n'y a pas la crainte de se perdre, ni le besoin de recourir à la violence pour vaincre le mal. Le don peut être et est sans réserve, comme un véritable échange.

Dans la liberté infinie de Dieu, il n'y a pas de limite au don. Notre langage, de fait, risque de balbutier pour décrire la réalité de Dieu. En lui, il n'y a pas de distinction réelle entre « être » et « avoir ». Le Père n'a pas simplement la divinité, il est la divinité qu'il partage totalement avec le Fils. Comme le notait Hilaire, le Père « donne tout ce qu'il est ». À sa suite, le concile de Florence définit la communauté de vie entre Père, Fils et Esprit Saint de la façon suivante : « Ces trois personnes sont un seul Dieu, non trois dieux. Les trois ont une substance, une essence, une nature, une divinité, une immensité, une éternité, et tout est un [en eux], là où l'opposition constituée par les relations le permet » (DS 1330). Le Père se donne si totalement que seul son être de Père n'est pas donné ; car s'il avait été possible qu'il abandonne sa propre paternité, il n'y aurait eu aucun Fils pour accueillir le don éternel de la divinité. Nous pouvons d'ailleurs voir ce mystère reflété dans le don des parents à leurs enfants. Nous disons qu'ils donnent tout ce qu'ils ont à leurs enfants : leur propre temps, leur propre énergie, leurs propres biens, leur propre attention, leurs propres soins. Mais en réalité, ils se donnent eux-mêmes autant qu'ils le peuvent. Cela est tout spécialement visible dans la mère qui donne vie et corps à son enfant et, parfois, à l'imitation de l'amour trinitaire, sacrifie même sa propre vie pour qu'il puisse venir au monde. Encore récemment, l'Église a reconnu la validité de cette forme d'amour, déclarant bienheureuse Gianna Berretta Molla qui, atteinte d'une tumeur à l'utérus, choisit librement de mourir afin que sa fille puisse naître.

La désappropriation de Dieu – Dieu qui se donne

Cet échange réciproque de vie, d'amour et d'être entre les personnes de la sainte Trinité explique certains textes difficiles du Nouveau Testament. Jésus, après avoir décrit comment le Bon Pasteur donne sa propre vie pour ses brebis, ajoute : « C'est pour cela que le Père m'aime, parce que je donne ma vie, pour la reprendre. Personne ne me l'enlève, mais je la donne de moi-même ; j'ai le pouvoir de la donner et j'ai le pouvoir de la reprendre ; tel est le commandement que j'ai reçu de mon Père » (Jn 10, 17-18).

Il est faux d'interpréter ce texte comme si le Père n'aimait Jésus que parce qu'il offrait sa vie sur la croix, comme s'il avait dû conquérir l'amour du Père. Au contraire, la révélation de Jésus en ce monde reflète ce qu'il est de toute éternité. Déjà dans la Trinité éternelle, il donne sa propre vie, entièrement et librement, au Père ; et – tel est le mystère de l'amour – dans le don de soi, il reprend sa vie de nouveau. C'est précisément à cause de cette expérience que Jésus pouvait dire à ses disciples : « Qui veut en effet sauver sa vie la perdra, mais qui perdra sa vie à cause de moi et de l'Évangile la sauvera » (Mc 8, 35 ; cf. Jn 12, 24-26).

Le mystère de la Trinité rend ainsi compréhensible le mystère de la mort en croix de Jésus. Dans la célèbre hymne de la *Lettre aux Philippiens*, saint Paul proclame : « Ayez entre vous les mêmes sentiments qui sont dans le Christ Jésus : Lui, de condition divine, ne retint pas jalousement le rang qui l'égalait à Dieu. Mais il s'anéantit lui-même, prenant condition d'esclave, et devenant semblable aux hommes. S'étant comporté comme un homme, il s'humilia plus encore, obéissant jusqu'à la mort, et à la mort sur une croix ! Aussi Dieu l'a-t-il exalté et lui a-t-il donné le Nom qui est au-dessus de tout nom, pour que *tout*, au nom de Jésus, *s'agenouille*, au plus haut des cieux, sur la terre et dans les enfers, et que *toute langue proclame*, de Jésus Christ, qu'il est Seigneur, à la gloire de Dieu le Père » (Ph 2, 5-11).

La dépossession de soi sur la croix n'est pas quelque chose de contraire ou de contradictoire avec la divinité de Jésus. Cela révèle au contraire sa divinité, qui consiste en l'amour qui se donne pleinement. Dans l'éternelle Trinité, Jésus s'est déjà dépossédé lui-même ; il s'est « perdu » dans le Père pour pouvoir se retrouver et être pleinement lui-même. La dépossession de soi sur la croix n'est rien d'autre que la révélation dans notre histoire de ce qu'est Dieu : l'Amour qui se donne.

Cette compréhension de l'Amour trinitaire, dans lequel le Fils remet son propre être et sa propre nature au Père comme à sa source, explique aussi pourquoi Jésus peut dire : « Venez à moi, vous tous qui peinez et ployez sous le fardeau, et moi je vous soulagerai. Chargez-vous de mon joug et mettez-vous à mon école, car je suis doux et humble de cœur, *et vous trouverez soulagement pour vos âmes*. Oui, mon joug est aisé et mon fardeau léger » (Mt 11, 28-30).

De semblables affirmations étaient scandaleuses pour le monde antique. Jamais, alors, l'humilité n'avait été considérée comme une vertu. Aristote, le grand philosophe d'Athènes, la considérait carrément comme un vice dans la mesure où un homme ne reconnaissait pas sa propre valeur [1]. Puisque Dieu est humble, Paul engage les chrétiens à l'être à leur tour. Naturellement, cette humilité divine ne doit pas être restreinte à la vie terrestre de Jésus. Dans la mesure où Jésus reçoit tout du Père, il sait qu'il n'a rien en propre. Comme disait saint Hilaire : « Le Fils, en effet, n'est pas sa propre origine, il n'est pas quelqu'un qui n'existait pas et qui a bâti sa naissance sur le néant [2] ! ». Tout lui est donné comme don. Il n'a pas besoin de le réclamer comme sien ; il doit seulement tout accepter du Père avec gratitude. Cette humilité est la cause même de son exaltation.

La Vierge Marie peut montrer, à sa façon, la vérité sous-tendue par l'humilité chrétienne. En effet, Dieu « a regardé l'humilité de sa servante », l'esprit de Marie « exulte en Dieu » son sauveur. Le Dieu tout-puissant « a dispersé les hommes au cœur superbe, [...] et élevé les humbles », dans sa miséricorde il a fait « de grandes choses ». Aussi « désormais, toutes les générations *me* diront bienheureuse » (Lc 1, 48-51). Car, comme elle savait bien qu'elle n'avait pas mérité la faveur de Dieu ni n'avait droit à sa miséricorde, Marie devait se réjouir et être exaltée. L'amour doit toujours être un don libre.

Si on peut comprendre la Trinité comme un mystère d'amour qui se dépossède, alors peut-être que la raison de « l'absence de visage » de l'Esprit Saint s'éclaire. Il existe comme Esprit commun au Père et au Fils, comme Esprit d'amour. Il souhaite

---

1. *Éthique à Nicomaque*, IV, 3, 1125a 19-28.
2. *De Trinitate*, IX, 53, PL10, 324A.

être anonyme car il ne s'occupe pas de lui-même, mais seulement d'unir le Père et le Fils. D'une certaine façon, dans l'Esprit Saint, la divinité montre sa perfection la plus rayonnante ; elle atteint une désappropriation totale dans l'anonymat. En fait, c'est l'Esprit d'Amour qui caractérise le plus la Trinité tout entière, en tant qu'Amour. Se perdant lui-même dans le Père et dans le Fils, l'Esprit se retrouve en eux ; n'insistant pas sur ses propres droits à l'adoration ou à la louange, ni sur son importance dans l'histoire, mais totalement heureux d'être là où il est, infiniment perdu dans le Père et dans le Fils, il est davantage lui-même, toujours plus joyeux, quand le Père et le Fils se glorifient mutuellement en Lui.

3

Jésus révèle le Père

L'homme créé à l'image de Dieu

La finalité de la création évoquée dans la *Lettre aux Éphésiens* (cf. Ep 1, 4s) met en évidence l'appel que nous avons reçu à être fils dans le Fils. Cette idée centrale permet de comprendre le mystère de la création de l'homme. Rappelons le récit du *Livre de la Genèse* :

« Dieu dit : "Faisons l'homme à notre image, comme notre ressemblance, et qu'ils dominent sur les poissons de la mer, les oiseaux du ciel, les bestiaux, toutes les bêtes sauvages et toutes les bestioles qui rampent sur la terre." Dieu créa l'homme à son image, à l'image de Dieu il le créa ; homme et femme il les créa. Dieu les bénit et leur dit : "Soyez féconds et multipliez, emplissez la terre et soumettez-la ; dominez sur les poissons de la mer, les oiseaux du ciel, et tous les animaux qui rampent sur la terre." Dieu dit : "Je vous donne toutes les herbes portant semence qui sont sur toute la surface de la terre, et tous les arbres qui ont des fruits portant semence : ce sera votre nourriture. À toutes les bêtes sauvages, à tous les oiseaux du ciel, à tout ce qui rampe sur la terre et qui est animé de vie, je donne pour nourriture toute la verdure des plantes". Et il en fut ainsi. Dieu vit tout ce qu'il avait fait : cela était très bon. Il y eut un soir et il y eut un matin : le sixième jour.

Ainsi furent achevés le ciel et la terre, avec toute leur armée. Dieu conclut au septième jour l'ouvrage qu'il avait fait, et au septième jour il chôma, après tout l'ouvrage qu'il avait fait. Dieu bénit le septième jour et le sanctifia, car il avait chômé après tout son ouvrage de création. » (Gn 1, 26-31 – 2, 1-3.)

Le sixième jour indiquait le point culminant de l'œuvre créatrice de Dieu avant le septième jour, le début du repos après le travail. Par ce repos, *Sabbath*, l'auteur sacré voulait souligner que Dieu est le Seigneur de sa création. Celle-ci ne consiste pas en une succession perpétuelle et elle n'est pas close une fois pour toutes, comme si Dieu se retirait du monde en le laissant aller de son côté. Le monde demeure totalement et continuellement dépendant du pouvoir divin. Tout est maintenu et accompli dans le « repos » de Dieu, même après l'appel initial reçu dans le néant : Il « soutient tout par la puissance de sa parole » (He 1, 3 ; cf. Sg 11, 25). Comme l'a dit Jésus : « Mon Père travaille toujours et moi aussi je travaille » (Jn 5, 17). Commentant ces mots de Notre Seigneur, saint Augustin observait que « si son action sur les créatures cessait, les créatures elles-mêmes cesseraient d'exister [1]. »

L'auteur sacré ne désirait pas d'abord souligner la contingence de la création ; il portait plutôt son regard sur le miracle de l'origine de l'homme et s'émerveillait de sa destinée. Tout au long de la semaine, l'homme aurait soin de la création, mais le septième jour, il était invité à anticiper la pleine domination de Dieu, symbolisée par son « repos ».

Ainsi, l'homme a été créé « à l'image et ressemblance de Dieu ». Cela n'est dit d'aucune autre créature. Bien plus, même s'il est vrai que toutes les œuvres de la création sont estimées « bonnes » par Dieu à la fin de chaque journée, il est également vrai que ce n'est qu'après la création de l'homme que Dieu prononce le superlatif « très bon ». Avec l'homme, la création avait rejoint son achèvement et Dieu pouvait ensuite « se reposer ». En effet, Dieu avait fait une créature semblable à lui-même, qui reflétait son Créateur. En quoi consiste ce reflet ou cette image ? Il est intéressant de remarquer que l'auteur sacré, en décrivant l'objet de l'attention créatrice de Dieu, est passé du

1, *De Genesi ad litteram* 5, 20, 40, PL 34, 335.

singulier « homme » au pluriel « homme et femme ». Dans le projet de Dieu, la présence de deux êtres exprime l'achèvement et la plénitude de l'espèce humaine. Aucun être humain *n'existe* isolément ; si nous n'avions pas de parents, nous n'existerions pas ; si ceux-ci ne nous avaient pas aimés, nourris, et enseigné à parler, nous serions incapables de penser et de communiquer avec les autres. Ainsi, depuis le début, l'être humain, homme et femme, existe dans une communion féconde, afin de réaliser une communication à l'intérieur du mystère de l'amour créateur de Dieu.

La notion d'« image de Dieu » a eu diverses interprétations dans l'histoire de l'Église. Depuis les origines, on a mis en avant une exégèse christologique de l'expression. Saint Paul définit le Christ comme « image de Dieu » (2 Co 4, 4) et lie aussitôt cette image à la nouvelle création.

« Car ce n'est pas nous que nous prêchons, mais le Christ Jésus, Seigneur ; nous ne sommes, nous, que vos serviteurs, à cause de Jésus. En effet le Dieu qui a dit : "Que des ténèbres resplendisse la lumière" est Celui qui a brillé dans nos cœurs, pour faire briller la connaissance de la gloire de Dieu, qui est sur la face du Christ » (2 Co 4, 5-6).

Semblablement, la *Lettre aux Colossiens* reconnaît le Christ comme « image du Dieu invisible, engendré avant toute créature » et rappelle aux chrétiens qu'ils ont revêtu l'homme « nouveau qui se renouvelle, dans une vraie connaissance, à l'image de son Créateur » (Col 1, 15 ; 3, 10).

L'Évangile de saint Jean développe un thème semblable, avec un langage quelque peu différent, en identifiant Jésus au *Logos* de Dieu, divin depuis le commencement : il est créateur de toutes les choses, resplendissant comme la lumière dans les ténèbres, et il s'est incarné pour notre salut (cf. Jn 1, 1-5.14). Comme Verbe ou Pensée du Père, Jésus reflète clairement la réalité du Père et la révèle. En réponse à la demande de Philippe de lui montrer le Père, Jésus lui dit :

« Voilà si longtemps que je suis avec vous et tu ne me connais pas, Philippe ? Qui m'a vu a vu le Père. Comment peux-tu dire : "Montre-nous le Père ?" Ne crois-tu pas que je suis dans le Père et que le Père est en moi ? » (Jn 14, 9-10).

Saint Paul souligne que le Christ révèle le Dieu invisible ; de la même façon, saint Jean met en évidence ce même mystère : « Nul n'a jamais vu Dieu ; le Fils unique, qui est dans le sein du Père, lui, l'a fait connaître » (Jn 1, 18).

L'interprétation christologique était répandue parmi les Pères. Face à l'hérésie gnostique qui spiritualisait à l'excès l'homme et méprisait son corps, saint Irénée et ses successeurs mettaient en relief le fait que l'homme intégral, aussi bien le corps que l'âme, a été fait à l'image de Dieu et qu'il est destiné, par le Christ, à la résurrection du corps pour la vie éternelle avec Dieu. L'homme est appelé à passer de l'image de Dieu à la ressemblance avec lui, c'est-à-dire à la plénitude de la stature du Christ, qui conduit les hommes au Père à travers le mystère de sa chair glorifiée.

Différents textes des Pères permettent d'entrer dans cette perspective : « En réalité, l'homme est un mélange d'âme et de chair, et d'une chair formée à l'image de Dieu et modelée par les Mains de Dieu, c'est-à-dire par le Fils et l'Esprit, auxquels il a dit : "Faisons l'homme [1]" », écrira saint Irénée. À leur tour, Novatien [2] et Tertullien [3] voient toute la Trinité à l'œuvre dans la création. D'une façon semblable, saint Athanase [4] et saint Hilaire [5] comprennent le dessein créateur de Dieu : « Faisons l'homme à notre image, à notre ressemblance » comme se référant à la Trinité.

Dieu, Père d'Israël

L'Ancien Testament reconnaît Dieu comme Père, mais une telle paternité n'a jamais été étendue à tous les hommes. Que ceux-ci soient fils de Dieu, cela ne dépend pas de leur naissance ou même de leur nature, mais bien du choix de Dieu. Israël est reconnu comme Fils de Dieu ou comme son premier-né parce que Dieu l'a

1. Saint Irénée, *Adversus Haereses* IV, praef., 4, PG 7, 958B.
2. Novatien, *De Trinitate* 17. 26, PL 3, 917C-918A, 936C.
3. Tertullien, *Adversus Praxeam* 12, PL 2, 167C-168A.
4. Saint Athanase, *Contra Arianos* III, 29, PG 26, 387A.
5. Saint Hilaire, *De Trinitate*, IV, 17-20, PL 10, 110A-112B.

choisi parmi toutes les nations comme son bien propre. Au moment de la libération de l'esclavage d'Égypte, Dieu fit dire à Pharaon : « Ainsi parle le Seigneur : Israël est mon fils premier-né. Je t'avais donné cet ordre : laisse aller mon fils, qu'il me rende un culte ! » (Ex 4, 22s). Moïse dut rappeler au peuple que Dieu avait établi une relation particulière avec lui : « N'est-ce pas lui ton père, qui t'a créé, lui qui t'a fait et qui t'a établi ? » (Dt 32, 6 ; cf. v. 5.18-20).

Les mêmes thèmes furent repris par les prophètes. Osée rapporte l'oracle de Dieu : « Quand Israël était enfant, je l'aimai, et de l'Égypte j'appelai mon fils » (Os 11, 1). Jérémie montre Yahvé qui se tourne vers son peuple en lui disant : « Je suis un père pour Israël, Éphraïm est mon premier-né » (Jr 31, 9 ; 3, 14.22 ; cf. Ml 1, 6). Isaïe rétablit le lien entre l'élection et l'action créatrice : « Cependant, Seigneur, tu es notre Père. Nous sommes l'argile et toi notre potier, nous sommes tous l'ouvrage de tes mains » (Is 64, 7 ; cf. 63, 16). Parfois, le peuple d'Israël est traité comme un fils unique ; d'autres fois, tous les Israélites sont considérés comme les « fils du Dieu vivant » (cf. Os 1, 9 ; Dt 14, 1 ; Is 1, 2 ; 30, 1.9). Les oracles qui expriment la paternité de Dieu à partir de l'élection font ressortir soit la préoccupation pleine d'affection de Dieu pour son peuple élu, soit la responsabilité de celui-ci à l'égard de Dieu.

Il n'y a pas que le peuple dans son ensemble qui était appelé fils de Dieu, le roi lui-même, qui représente le peuple devant Dieu, était appelé fils de Dieu. La prophétie divine concernant la postérité annoncée à David par Nathan contenait cette promesse :

« Le Seigneur te rendra grand, il te fera une maison. Et quand tes jours seront accomplis et que tu seras couché avec tes pères, je maintiendrai après toi le lignage issu de tes entrailles et j'affermirai sa royauté. Je serai pour lui un père et il sera pour moi un fils. S'il commet le mal, je le châtierai avec une verge d'homme et avec les coups que donnent les humains, mais je ne lui retirerai pas ma faveur comme je l'ai retirée à Saül, lui que j'ai destitué du trône en ta faveur. Ta maison et ta royauté subsisteront à jamais devant moi et ton trône sera affermi à jamais » (2 S 7, 11-16 ; cf. 1 Ch 17, 10-14 ; 22, 8-10 ; 28, 6s).

Ce concept de la filiation divine trouve également ses racines dans le psaume 2, chanté durant le rite d'intronisation du roi : « J'énoncerai le décret du Seigneur. Il m'a dit : "Tu es mon fils, moi, aujourd'hui, je t'ai engendré" » (Ps 2, 7). Bien que la cérémonie du couronnement semble avoir emprunté de nombreux aspects aux rites égyptiens du même genre, le roi d'Israël était choisi par YHWH, alors que le pharaon était tenu pour engendré physiquement par le dieu. À partir de là, la fidélité et la confiance étaient établies de telle sorte que le roi pouvait se tourner vers Dieu en toute confiance dans les moments difficiles : « Il m'invoquera : "Tu es mon Père, mon Dieu et le rocher de mon salut." J'en ferai l'aîné, le plus haut parmi les rois de la terre » (Ps 89, 27-28).

Divers groupes ou individus à l'intérieur du peuple d'Israël pouvaient également être appelés fils de Dieu. C'est ainsi que le psalmiste appelle les justes (cf. Ps 73, 15), et Malachie se tourne vers les prêtres en les définissant comme fils de Dieu (cf. Ps 1, 6 ; 2, 10). Dans le *Livre de la Sagesse*, le juste qui suit la Loi de Dieu et pratique la justice, considère Dieu comme son propre père, et lui-même comme « fils du Seigneur » (cf. Sg 2, 12-18). Malgré cela, la filiation divine ne revient pas à l'homme par nature ou de droit ; bien au contraire, elle dépend de l'élection gratuite par Dieu d'un être humain qui existe déjà.

Le témoignage du Nouveau Testament

Le Nouveau Testament réfute, de façon encore plus surprenante, la thèse des Lumières sur la condition universelle de filiation divine des hommes. Il ne reconnaît qu'un seul Fils de Dieu par nature : Jésus Christ, Notre Seigneur. Saint Jean lui rend témoignage comme *Logos*, Dieu, et comme « Fils unique du Père, plein de grâce et de vérité » (cf. Jn 1, 1.14.18). Cette grâce et cette vérité sont réservées aux croyants qui *deviennent* enfants de Dieu, s'unissant eux-mêmes à Jésus dans la foi et dans l'amour. « À tous ceux qui l'ont reçu, il a donné pouvoir de devenir enfants de Dieu : à ceux qui croient en son nom, qui n'ont été engendrés ni par le sang, ni par un vouloir de chair, ni par un vouloir d'homme, mais par Dieu » (Jn 1, 12s). Ce verset anticipe clairement la « renaissance » d'en-haut par l'eau et l'esprit, condition préalable pour entrer dans le règne de Dieu auquel Jésus fait référence dans son dialogue avec Nicodème (cf. Jn 3, 3-8). À son tour, saint Paul écrit que les chrétiens reçoivent « l'adoption des fils » à travers le Christ et son Esprit (cf. Rm 8, 15.23 ; Ga 4, 5 ; Ep 1, 5). En effet, par le baptême, ils ont reçu l'Esprit Saint, l'Esprit commun du Père et du Fils, et ils sont devenus fils de Dieu. Ils ont été baptisés dans la mort de Jésus pour ressusciter avec lui à une vie nouvelle (cf. Rm 6, 1-11 ; 8, 14-24 ; Ga 3, 25 – 4, 7). Ce n'est pas la naissance naturelle mais la grâce de Dieu dans le baptême, qui rend fils de Dieu en Jésus Christ.

Les doctrines paulinienne et johannique sur la filiation divine reflètent l'enseignement de Jésus dans toute sa nouveauté. Jésus introduit dans le monde judaïque de son temps une compréhension de Dieu radicalement nouvelle. Alors que la piété hébraïque traditionnelle mettait l'accent sur la majesté transcendante de Dieu et évitait de prononcer son nom, YHWH, pour éviter tout abus, Jésus ose appeler Dieu *Abba*. Au moment le plus difficile, alors que le salut de Dieu est repoussé et que Jésus lui-même se trouve devant le refus et la mort, il se tourne vers Dieu au jardin de Gethsémani en disant : « Abba, Père ! Tout t'est possible : éloigne de moi cette coupe ! Cependant, non pas ce que je veux, mais ce que tu veux ! » (Mc 14, 36).

L'appellation *Abba* est araméenne ; nous devons donc lui accorder une attention particulière. Le Nouveau Testament a été écrit en grec, et cependant il utilise quelques expressions araméennes. L'araméen était la langue courante des habitants de la Palestine au temps de Jésus. Il est très probable que Jésus et ses disciples s'exprimaient couramment en araméen, étant donné que pour comprendre de nombreuses expressions grecques du Nouveau Testament, qui ne suivent qu'approximativement la grammaire grecque, il faut les lire comme traduites de l'araméen. De plus, certaines expressions araméennes sont simplement traduites littéralement en grec. Selon toute probabilité, ces expressions étaient conservées dans l'araméen original en raison de leur importance dans la théologie et dans la liturgie de l'Église des origines. Ainsi, par exemple, le nom araméen *Képhas*, attribué par Jésus à Pierre, manifeste le rôle fondamental de Pierre dans l'Église primitive et indique plus clairement qu'en grec le jeu de mots utilisé par Jésus. Alors que le nom propre grec *Petros* est associé au substantif *pierre*, l'identification n'est pas aussi évidente qu'en araméen où le même mot *Kephas* d'une part signifie « rocher » et d'autre part est utilisé comme nom propre. De façon analogue, la conservation de l'invocation *Maranatha*, « Viens, Seigneur ! » (cf. 1 Co 16, 22 ; Ap 22, 20) manifeste le profond désir de l'Église primitive du retour du Christ, désir ainsi exprimé dans la liturgie.

L'emploi du mot *Abba* par Jésus a été également assumé dans la prière chrétienne puisque « [vous, croyants], vous avez reçu un esprit de fils adoptifs qui nous fait nous écrier : "Abba ! Père !" » (Rm 8, 15 ; Ga 4, 6). Littéralement, *Abba* est traduit par « papa ». C'est l'expression qu'utilise un enfant lorsqu'il s'adresse à son père ; elle peut être utilisée par un fils déjà grand, en signe d'intimité et de respect. Les juifs de Palestine avaient une telle conscience de la transcendance de Dieu qu'ils n'osaient pas s'adresser à lui en l'invoquant comme Père, comme « Papa ». Dans la diaspora, hors de Palestine, où les Juifs avaient tendance à se fondre eux-mêmes, ainsi que leur façon de penser, dans la culture environnante, certaines prières s'adressaient aux dieux comme à un « Père », certaines prières s'adressaient à Yahvé comme « Père ». Cependant, même dans ce cas, personne n'osait s'adresser à Dieu en l'appelant « Papa ».

L'emploi du terme « Père » pour évoquer Dieu était très rare en Palestine. La recherche biblique moderne n'a trouvé qu'un seul cas où un juif palestinien s'adresse à Dieu en l'appelant « Père », mais il ne s'agit pas d'une invocation. Ce texte a été découvert récemment dans un fragment d'un manuscrit de Qumran. Cette communauté se considérait comme le reste pur, choisi, et s'était séparée du judaïsme pharisaïque, se contraignant ainsi à vivre au désert. On peut discuter longuement sur la façon dont cette communauté pouvait réellement être un reflet de la religiosité habituelle palestinienne. De plus, étant donné que la communauté a survécu jusqu'à la révolte juive des années 70 (après Jésus Christ), où elle a été détruite, et que la datation du fragment découvert récemment ne peut être déterminée avec exactitude, il est difficile d'affirmer que l'emploi du terme « Père » dans ce manuscrit anticipe l'emploi fait par Jésus, lui soit contemporain ou lui succède. En réalité, s'il y a eu quelques liens entre Qumran et le christianisme primitif, qui a également débuté comme un mouvement de réforme à l'intérieur du judaïsme, il est également possible que le texte de Qumran ait imité la prière chrétienne. De toute façon, avant Jésus, nous n'avons aucun témoignage d'un juif qui ait appelé Dieu « Papa ».

Jésus avait incontestablement une relation unique, très intime, avec celui qu'il appelait « Papa ». Puisque l'amour se répand, Jésus ne gardait pas pour lui cette relation. Il voulait que les autres puissent entrer, grâce à lui, dans une relation filiale avec le Père. C'est ainsi qu'il a enseigné à ses disciples le *Notre Père*. Il est frappant de voir que l'enseignement de cette prière révèle aussi bien la relation unique de Jésus au Père que son désir de communiquer cette relation aux autres. En fait, c'est l'unique cas de la Bible où l'expression « Notre Père » est prononcée par Jésus lui-même. En revanche, lorsque Jésus parlait aux disciples, il faisait la distinction entre « mon Père » et « votre Père ». Cette distinction est tellement présente que, en Jean 20, 17, dans l'ordre qu'il donne à Marie Madeleine le matin de Pâques, Jésus répète deux fois le mot « Père » : « Va trouver mes frères et dis-leur : je monte vers mon Père et votre Père, vers mon Dieu et votre Dieu. » Jésus était bien conscient que sa relation au Père ne pouvait pas être transposée telle quelle dans la relation de ses disciples avec le Père. Lorsqu'il leur enseignait à prier le *Notre Père*, il se faisait médiateur dans leur relation à Dieu. Naturellement, Jésus n'appelait Dieu « Père » que lorsqu'il instruisait les disciples. Ceux qui ne croyaient pas n'étaient pas introduits dans l'intimité avec Dieu que Jésus offrait aux disciples croyants. Comme l'avait bien compris saint Paul, il fallait avoir reçu l'Esprit de Jésus pour pouvoir crier : « Abba, Père. » De façon ultime, toute la vie chrétienne est partage de la vie de Jésus-Christ, le Fils unique de Dieu.

Conséquences de la filiation divine

L'élection comme fils de Dieu n'autorise pas le chrétien à être triomphaliste ni même à regarder de haut ceux qui ne sont pas parvenus à la foi. Aucun croyant ne peut se vanter devant Dieu, puisque son salut n'est qu'un don qu'il a reçu de lui (cf. 1 Co 1, 26-31 ; 4, 4). « Je ne suis pas venu pour appeler les justes, mais les pécheurs » (Mc 2, 17). Naturellement, par ces mots, Jésus ne fait que manifester l'attitude d'amour qui caractérise son Père. S'adressant aux disciples, Jésus décrit le comportement du Père face aux pécheurs non pas simplement en termes d'une juste correction, mais en termes de patience et d'amour : « Vous avez appris qu'il a été dit : Tu aimeras ton prochain et tu haïras ton ennemi. Eh bien ! moi je vous dis : Aimez vos ennemis, priez pour vos persécuteurs ; ainsi serez-vous fils de votre Père qui est aux cieux, car il fait lever son soleil sur les méchants et sur les bons, et tomber la pluie sur les justes et sur les injustes. Car si vous aimez ceux qui vous aiment, quelle récompense méritez-vous ? Les publicains eux-mêmes n'en font-ils pas autant ? Et si vous réservez vos saluts à vos frères, que faites-vous d'extraordinaire ? Les païens eux-mêmes n'en font-ils pas autant ? Vous donc, soyez parfaits comme votre Père céleste est parfait » (Mt 5, 43-48).

Plutôt que de considérer ses disciples comme une élite qui devrait être servie, Jésus leur demande de servir et d'étendre aux autres la relation filiale à laquelle ils participent « en les baptisant au nom du Père et du Fils et du Saint-Esprit » (cf. Mt 28, 19 ; 20, 20-28). De plus, les chrétiens ne peuvent pas s'agripper à leur condition de fils comme à une possession permanente et statique. C'est une réalité dynamique qui doit se développer à partir des fondements qui leur ont été donnés. De même que le règne de Dieu est une réalité aussi bien présente que future, qui reflète la tension entre l'indicatif de l'amour de Dieu et l'impératif de la réponse à cet amour, de même la condition de fils accordée aux hommes et aux femmes est orientée vers le futur. Saint Paul écrit ainsi aux chrétiens de Rome :

« Aussi bien n'avez-vous pas reçu un esprit d'esclaves pour retomber dans la crainte ; vous avez reçu un esprit de fils adoptifs qui nous fait nous écrier : Abba ! Père ! L'Esprit en personne se joint à notre esprit pour attester que nous sommes enfants de Dieu. Enfants, et donc héritiers ; héritiers de Dieu, et cohéritiers du Christ, puisque nous souffrons avec lui pour être aussi glorifiés avec lui » (Rm 8, 15-17).

Bien que l'esprit de fils, qui permet aux croyants de prier, leur soit réellement donné, le salut inconditionnel ne leur est pas garanti ; ils doivent souffrir avec le Christ pour partager sa gloire. En d'autres mots, leur fidélité doit encore surmonter l'épreuve. En raison de cette incertitude du futur, Paul, dans les versets qui suivent immédiatement, décrit la condition de fils comme un don qui doit être encore révélé et donné :

« J'estime en effet que les souffrances du temps présent ne sont pas à comparer à la gloire qui doit se révéler en nous. Car la création en attente aspire à la révélation des fils de Dieu : si elle fut assujettie à la vanité – non qu'elle l'eût voulu, mais à cause de celui qui l'y a soumise –, c'est avec l'espérance d'être elle aussi libérée de la servitude de la corruption, pour entrer dans la liberté de la gloire des enfants de Dieu. Nous le savons en effet, toute la création jusqu'à ce jour gémit en travail d'enfantement. Et non pas elle seule : nous-mêmes qui possédons les prémices de l'Esprit, nous gémissons nous aussi intérieurement dans l'attente de la rédemption de notre corps » (Rm 8, 18-23).

La vie chrétienne laisse toujours de la place pour la croissance dans la grâce. L'Église est invitée à croître jusqu'à « l'état de l'homme parfait, à la plénitude de la stature du Christ », qui réalise tout en toutes choses (cf. Ep 1, 22s ; 4, 11-16 ; Col 1, 18-20). De même que Jésus avait ordonné à ses disciples d'être parfaits comme leur Père dans les cieux est parfait, les encourageant ainsi à une croissance continue dans le mystère de l'amour, de même saint Paul exhortait les chrétiens à croître sans arrêt, en tant que fils, jusqu'à la plénitude du Christ. Au demeurant, l'Apôtre, dans sa propre vie, par ses souffrances, enfantait à la foi les croyants de la Galatie jusqu'à ce que le Christ soit formé en eux (cf. Ga 4, 13s). En même temps, il considérait ses propres souffrances comme la participation aux souffrances du Christ ; il avait ainsi l'espérance de pouvoir être uni à la mort du Christ, afin d'atteindre la résurrection des morts (cf. Ph 3, 10s).

Il y a un certain parallélisme entre la théologie de l'image et celle de la filiation divine. Toutes les deux présupposent une relation avec Dieu comportant la tension entre le présent et le futur. Dans cette tension, le don présent fournit la base pour l'achèvement futur. Il y a toutefois une réelle différence. L'image de Dieu vient de la création et, même si elle est donnée en vue du Christ, elle doit être complétée par l'accueil de la nouveauté du Christ dans la foi et l'amour. En revanche, la filiation suppose, dès le départ, une relation au Christ dans la foi et l'amour. La première accentue la continuité entre la création et le salut ; la seconde accentue la croissance depuis les débuts de la rédemption, jusqu'à l'achèvement dans le Christ. La rupture dans l'histoire du salut est ce qui caractérise toutes les religions historiques. Un élément nouveau a eu lieu dans le temps, élément qui n'était pas présent dans la création, élément décisif pour la destinée éternelle de l'homme. Puisque le salut comporte la relation de l'homme avec Dieu, l'aspect nouveau de l'histoire du salut doit provenir de Dieu.

4

Dieu, Père de miséricorde

La révélation du nom de Dieu, miséricorde infinie

« Être miséricordieux est le propre de Dieu »

Saint Thomas d'Aquin affirme de façon laconique dans sa *Somme Théologique* : « Se montrer miséricordieux est regardé comme le propre de Dieu, et c'est par là surtout que se manifeste sa toute-puissance [1]. » Le grand théologien médiéval met en relief la miséricorde comme n'étant pas seulement une attitude extérieure de Dieu, et encore moins une attitude de faiblesse. Au contraire, elle est un attribut suprême de toute-puissance. Dieu se révèle comme un être transcendant, saint, éternel et tout-puissant ; de surcroît, il se révèle comme miséricordieux. Bien plus, sa toute-puissance se manifeste justement dans la miséricorde : « Dieu qui donnes la preuve suprême de ta puissance lorsque tu patientes et prends pitié », dit la collecte du vingt-sixième dimanche B du temps ordinaire. Le pardon et la miséricorde sont en réalité un acte suprême de la toute-puissance de Dieu.

Tout cela correspond à la révélation du nom et de la réalité de Dieu déjà présente dans l'Ancien Testament. En effet, Dieu se manifeste d'abord à Moïse comme : « Je suis celui qui suis »

---

1. Cf. *STh* II, II q. 30, a. 4 c.

(Ex 3, 14), c'est-à-dire comme une présence providentielle et toute-puissante. Une seconde révélation du nom vient compléter cette première révélation. Toujours sur le Sinaï, passant devant Moïse, le Seigneur proclame : « Le Seigneur, le Seigneur, Dieu de miséricorde et de pitié, lent à la colère, riche en grâce et fidélité, qui garde sa grâce à des milliers de générations, qui pardonne la faute, la transgression et le péché » (Ex 34, 6-7). Dieu est tout-puissant, mais, plus encore, *miséricordieux*. Surtout, ce sera le nom divin le plus souvent invoqué dans l'histoire du peuple élu.

« Le Seigneur est patient et miséricordieux »

Les mots qui expriment le riche contenu de la miséricorde abondent dans toutes les langues : compassion, piété, clémence, charité, pardon, indulgence, bienveillance, bénignité, douceur. De plus, dans l'Ancien Testament, la miséricorde de Dieu ne s'exprime pas seulement par des mots – comme, par exemple, *hesed* (fidélité) ou *rahamim*, amour (pluriel de *rehem* qui signifie le sein maternel) –, mais aussi par des symboles, des images et des attitudes pleines de la miséricorde et de l'amour de Dieu pour toutes ses créatures, et pour son peuple de façon toute particulière. Dans les chants de prière, d'invocation et de remerciement, le Seigneur est célébré comme « tendresse et pitié » (Ps 111, 4) et l'on exalte son nom qui est « miséricorde et bonté » :

« Le Seigneur est tendresse et pitié,
lent à la colère et plein d'amour.
Le Seigneur est bonté envers tous,
ses tendresses vont à toutes ses œuvres » (Ps 145, 8-9).

Le thème de la bonté et de la miséricorde du Seigneur est souvent évoqué sous de multiples variations :

« Seigneur, Dieu de tendresse et de pitié,
lent à la colère, plein d'amour et de fidélité,
tourne-toi vers moi, prends pitié de moi !

Donne à ton serviteur ta force
et ton salut au fils de ta servante,
fais pour moi un signe de bonté.

Ils verront, mes ennemis, et rougiront,
car toi, Seigneur, tu m'aides et me consoles » (Ps 86, 15-17).

« Le Seigneur est tendresse et pitié,
lent à la colère et plein d'amour » (Ps 103, 8).

« Les nombreuses miséricordes du Seigneur » (Ps 119, 156) sont exaltées par le psalmiste grâce à la vivacité et la variété des images :

« Comme est la hauteur des cieux sur la terre,
puissant est son amour pour qui le craint ;
comme est loin l'orient de l'occident,
il éloigne loin de nous nos péchés.

Comme est la tendresse d'un père pour ses fils,
tendre est le Seigneur pour qui le craint » (Ps 103, 11-13).

La bonté du Seigneur, qui se manifeste par des actes concrets de pardon, de guérison, d'aide, est comme une « couronne » sur la tête de l'homme :

« Lui qui pardonne toutes tes offenses,
qui te guérit de toute maladie,
qui rachète à la fosse ta vie,
qui te couronne d'amour et de tendresse » (Ps 103, 3-4).

« Le Seigneur retient tous ceux qui tombent,
redresse tous ceux qui sont courbés » (Ps 145, 14).

« Le Seigneur libère les prisonniers,
le Seigneur rend la vue aux aveugles,
le Seigneur redresse les courbés,
le Seigneur aime les justes,
le Seigneur protège l'étranger,
il soutient l'orphelin et la veuve,
mais il détourne la voie des impies » (Ps 146, 7-9).

« Le Seigneur guérit les cœurs brisés
et panse leurs blessures [...].

Le Seigneur soutient les humbles,
jusqu'à terre il abaisse les impies » (Ps 147, 3.6).

« Le Seigneur est proche des cœurs brisés,
il sauve les esprits abattus » (Ps 34, 19).

En raison de sa protection et de la conduite qu'il imprime, le Seigneur est comparé au bon pasteur qui mène avec zèle et prévenance son troupeau vers des pâturages frais et abondants :

« Le Seigneur est mon pasteur,
je ne manque de rien.
Sur des prés d'herbe fraîche
il me fait reposer.

Vers les eaux du repos il me mène,
il y refait mon âme.
Il me guide par le juste chemin,
pour l'amour de son nom.

Passerais-je un ravin de ténèbre,
je ne crains aucun mal, parce que tu es avec moi [...].
Grâce et bonheur m'accompagnent
tous les jours de ma vie ;
j'habiterai la maison du Seigneur
pour la durée de mes jours » (Ps 23, 1-4, 6).

On comprend donc bien le cri de joie du psalmiste qui s'exclame :

« Bienheureux le peuple dont le Seigneur est le Dieu » (Ps 144, 15).

« Bénis le Seigneur, ô mon âme,
n'oublie aucun de ses bienfaits » (Ps 103, 2).

« L'œil du Seigneur veille sur qui le craint »

L'image de l'œil vigilant, symbole de l'omniscience, de la vigilance et de la protection omniprésente de Dieu, devient l'expression de sa bonté et de sa miséricorde :

« Voici, l'œil du Seigneur est sur ceux qui le craignent,
sur ceux qui espèrent en son amour,
pour préserver leur âme de la mort
et les faire vivre au temps de la famine » (Ps 33, 18-19).

« Le Seigneur [...] porte son regard sur le monde,
ses yeux scrutent l'homme.
Le Seigneur éprouve le juste et l'impie,
méprise celui qui aime la violence » (Ps 11, 4-5).

Malgré les infidélités et les apostasies du peuple, Dieu demeure fidèle à sa promesse. Le Seigneur exprime ainsi sa miséricorde à travers la bouche du prophète Ézéchiel : « Mais j'eus un regard de pitié pour eux, je renonçai à les exterminer, et je n'en fis pas un massacre au désert » (Ez 20, 17).

Protégé par l'œil miséricordieux du Seigneur, l'homme tourne également son regard vers le Seigneur pour invoquer la protection et le salut. C'est un échange de regards entre le fils et le Père :

« Mes yeux sont fixés sur le Seigneur,
car il tire mes pieds du filet.
Tourne-toi vers moi, pitié pour moi,
solitaire et malheureux que je suis » (Ps 25, 15-16).

« Vers toi mes yeux, Seigneur, mon Dieu ;
en toi je m'abrite, épargne ma vie » (Ps 141, 8).

« Tous ont les yeux sur toi, ils espèrent ;
tu leur donnes la nourriture en son temps » (Ps 145, 15).

Le psalmiste ne cesse pas de chanter la miséricorde éternelle du Seigneur, tant il est disponible pour aider, pour pardonner et pour exercer la miséricorde :

« Je te rends grâces de tout mon cœur,
Seigneur mon Dieu.
Je rendrai gloire à ton nom à jamais,
car ton amour est grand envers moi,
tu as tiré mon âme du plus profond des enfers » (Ps 86, 12-13).

« Rendez grâces au Seigneur, car il est bon,
car éternelle est sa miséricorde !

Que le dise Israël :
éternelle est sa miséricorde !
Que le dise la maison d'Aaron :
éternelle est sa miséricorde !
Que le dise celui qui craint le Seigneur :
éternelle est sa miséricorde ! » (Ps 118, 1-4.)

Un psaume entier, le Psaume 136, relit l'œuvre de Dieu dans la création, l'élection et la protection du peuple, à la lumière de sa bonté miséricordieuse ; ainsi, cette miséricorde devient le refrain de chaque acclamation :

« Louez le Seigneur parce qu'il est bon :
parce qu'éternelle est sa miséricorde [...] » (Ps 136, 1.26).

Celui qui croit au Seigneur se trouve complètement submergé dans l'étreinte paternelle et Dieu devient son refuge :

« Derrière et devant tu m'enserres,
tu as mis sur moi ta main » (Ps 139, 5).

« Tu es pour moi un refuge,
de l'angoisse tu me gardes,
de chants de délivrance tu m'entoures » (Ps 32, 7).

« Si mon père et ma mère m'abandonnent,
le Seigneur me recevra » (Ps 27, 10).

« Comme une mère console son fils, ainsi je te consolerai »

La présence douce et consolatrice du Seigneur dans l'Ancien Testament s'exprime également par les images de la tendresse maternelle. Le psalmiste chante ainsi :

« Je tiens mon âme en paix et silence,
comme un enfant contre sa mère.
Mon âme est en moi comme un enfant sevré » (Ps 131, 2).

Son espérance dans le Seigneur est si grande et si parfaite que le psalmiste la compare à la sérénité et à la tranquillité d'un enfant dans les bras de sa propre maman. On parle ici d'un enfant *sevré*, qui a suffisamment grandi, qui ne boit plus le lait maternel. Il s'agit d'un enfant qui, désormais, marche tout seul, reconnaît sa maman et se réfugie avec sérénité et joie entre ses bras.

Pour le prophète Isaïe, Dieu est plus indulgent et plus compréhensif que nos propres mères terrestres :

« Une femme oublie-t-elle l'enfant qu'elle nourrit,
cesse-t-elle de chérir le fils de ses entrailles ?
Même s'il s'en trouvait une pour l'oublier,
moi, je ne t'oublierai jamais » (Is 49, 15).

Dieu déploie une véritable délicatesse maternelle à l'égard de ses propres fils dans la peine, et il les console : « Comme un fils que sa mère console, moi aussi je vous consolerai » (Is 66, 13). À son tour, Osée assimile le comportement de Dieu pour son peuple à celui d'un père affectueux envers son propre petit enfant :

« Quand Israël était enfant, je l'aimai,
et de l'Égypte j'appelai mon fils [...].
J'apprenais à marcher à Éphraïm,
je le prenais dans mes bras ;
et ils n'ont pas compris que je prenais soin d'eux !
Je les menais avec de douces attaches, avec des liens d'amour ;
j'étais pour eux comme celui qui élève un nourrisson
tout contre sa joue,
je me penchais sur lui et lui donnais à manger [...].
Mon cœur en moi se retourne,
toutes mes entrailles frémissent » (Os 11, 1.3-4.8).

Même si l'on parle de Dieu Père, le prophète emploie les images typiques d'une mère prévenante qui prend soin de ses plus petits enfants : elle leur enseigne à marcher en les tenant par la main, les soulève pour pouvoir les embrasser sur la joue, se penche pour leur donner à manger. Envers son peuple, Dieu utilise la pédagogie d'une mère à l'égard de ses enfants.

Isaïe présente le peuple comme s'il était engendré et nourri par Dieu depuis le sein maternel : « Écoutez-moi, maison de Jacob, tous ceux qui restent de la maison d'Israël, vous qui avez été portés dès la naissance et dont je me suis chargé dès le ventre maternel » (Is 46, 3). Ou encore : « Ainsi parle le Seigneur qui t'a fait, qui t'a formé dès le sein maternel, qui t'aide » (Is 44, 2) ; « Ainsi parle le Seigneur, ton rédempteur, celui qui t'a formé dès le sein maternel » (Is 44, 24). Même si le « sein maternel », dont il est question dans ces passages, est celui des mères terrestres, ces expressions expriment la continuelle providence et miséricorde de Dieu pour ses créatures.

Le psalmiste dit alors :

« Sur toi j'ai mon appui dès le sein,
toi ma part dès les entrailles de ma mère » (Ps 71, 6).

« C'est toi qui m'as formé les reins,
qui m'as tissé au ventre de ma mère » (Ps 139, 13).

Dans un autre contexte, Dieu est comparé non pas simplement à une mère mais à une sage-femme qui dépose délicatement le nouveau-né dans les bras de sa mère : « C'est toi qui m'as tiré du ventre, confié aux mamelles de ma mère » (Ps 22, 10).

Dans la Bible, on applique à Dieu les termes *rahamim* (viscères, miséricorde) et *rahum* (miséricordieux) qui sont apparentés à *réhem* qui signifie « sein maternel », pour indiquer le lieu de l'attention, de la défense et de la croissance de la vie dès ses premiers instants. Ces termes mettent presque en avant l'aspect physique de la miséricorde de Dieu, qui est un « amour profond », un sentiment intense, spontané, intime, fait de tendresse, de compréhension, de compassion, d'indulgence et de pardon, qui unit la mère à ses propres fils (cf. par exemple, les passages déjà cités de Is 49, 15 et Ex 34, 6-7).

En plus de ces symboles et de ces métaphores anthropomorphiques, la notion de miséricorde divine est éclairée par des symboles trouvés dans la nature. Dieu est appelé le soleil (Ps 84, 11), le rocher (Dt 32, 15), le feu (Dt 4, 24). On compare sa protection aux ailes de l'aigle :

« Tel un aigle qui veille sur son nid,
plane au-dessus de ses petits ;
il déploie ses ailes et le prend,
il le soulève sur ses ailes » (Dt 32, 11).

C'est sans doute de cette image que vient l'expression employée dans quelques psaumes : « Je me réfugie à l'ombre de tes ailes » (Ps 57, 2 ; 61, 5 ; 63, 8 ; 91, 4 ; cf. aussi Ex 19, 4 et Rt 2, 12).

En outre, on donne également à Dieu – non pas fréquemment comme on pourrait s'y attendre – soit le titre de *père* du peuple (cf. par exemple Ex 4, 22-23 ; Dt 1, 31 ; 14, 1 ; 32, 6 ; Is 63, 16 ; 64, 7) soit le titre *d'époux* fidèle et amoureux (cf. par exemple Is 62, 4-5 ; Ez 16 ; 23 ; Os 2, 18.21-22). En tant que père et époux, Dieu a des sentiments maternels de tendresse, de bonté et de miséricorde.

Comme on l'a déjà fait remarquer, l'Ancien Testament n'accorde pas beaucoup d'importance au nom de « Père », surtout dans les premiers livres de la Bible. Cela vient de la volonté des auteurs sacrés de maintenir l'originalité de la conception monothéiste, qui n'admet pas, contrairement aux cultures cananéennes, de liens de génération et de sang entre la divinité et le peuple. Le Dieu d'Israël n'est pas le Dieu Père, l'ancêtre mythico-biologique du peuple. Dans l'Ancien Testament, le titre de « Père » donné à Dieu montre surtout la puissance créatrice, la protection, l'autorité, la sustentation de la vie par Dieu. C'est une puissante évocation de la bonté, aussi bien paternelle que maternelle de Dieu, de cette bonté qu'en tant que créateur et providence il déploie pour son peuple dans les moments de nécessité.

Jésus, l'incarnation et la révélation de la miséricorde du Père

Alors que l'Ancien Testament décrit la miséricorde divine par différentes expressions, différentes attitudes et ressemblances, le Nouveau Testament concentre toute la manifestation de la miséricorde de Dieu dans la personne et dans l'œuvre de Jésus-Christ : « Après avoir, à maintes reprises et sous maintes formes, parlé jadis aux Pères par les prophètes, Dieu, en ces jours qui sont les derniers, nous a parlé par le Fils » (He 1, 1-2). Jean-Paul II dit : « Le Christ confère à la tradition vétéro-testamentaire de la miséricorde divine sa signification définitive. Non seulement il en parle et l'explique à l'aide d'images et de paraboles, mais surtout il l'incarne et la personnifie. Il est lui-même, en un certain sens, la miséricorde [1]. » L'incarnation du Verbe n'est pas seulement l'œuvre de la charité de Dieu (cf. Jn 3, 16) mais aussi la suprême révélation de la miséricorde divine devenue une personne.

Jésus Christ, « le Fils unique qui est dans le sein du Père » (cf. Jn 1, 18), « l'image visible du Dieu invisible » (cf. Col 1, 15), dans sa personne, dans ses paroles, dans ses actions, dans ses attitudes, est le visage miséricordieux du Père « riche en miséricorde » (cf. Ep 2, 4). L'avènement du Christ, depuis la naissance jusqu'à la résurrection, est le portrait le plus accompli de la miséricorde du Dieu Trinité. Il voit, il parle, il agit, il guérit, conduit qu'il est par la piété et la miséricorde envers les innombrables nécessiteux, les indésirables et les malades de toute sorte et de tout lieu qui accourent à lui : aveugles, paralysés, pécheurs, pauvres, enfants, femmes, étrangers, possédés, lépreux, ennemis. Aux disciples de Jean qui lui demandaient si c'était lui le Messie, Jésus répond en faisant appel aux œuvres de miséricorde : « Les aveugles retrouvent la vue, les boiteux marchent, les lépreux sont guéris, les sourds entendent, les morts ressuscitent, la bonne nouvelle est annoncée aux pauvres » (Lc 7, 22). Les paraboles de la miséricorde qu'il utilise pour annoncer la bonté divine sont très vivantes : celle de la brebis égarée et retrouvée, celle de la pièce perdue et récupérée, du fils dévoyé et recueilli dans les bras ouverts d'un père bon et plein de pitié (cf. Lc 15).

Dans l'Évangile de saint Matthieu, Jésus répond deux fois aux critiques des pharisiens en reprenant une affirmation concise du prophète Osée : « C'est la miséricorde que je veux et non le sacrifice » (Os 6, 6). Une première fois, après avoir appelé Matthieu le publicain à le suivre, il dit aux pharisiens : « Allez donc apprendre le sens de cette parole : *C'est la miséricorde que je désire, et non le sacrifice* » (Mt 9, 13). La seconde fois, répondant toujours aux pharisiens qui reprochaient aux disciples d'avoir cueilli des épis pour se nourrir le jour du sabbat, il répète : « Si vous aviez compris le sens de cette parole : *C'est la miséricorde que je*

1. *Dives in misericordia* n° 2.

désire, et non le sacrifice, vous n'auriez pas condamné des gens qui sont sans faute » (Mt 12, 7).

Le mystère pascal de la mort et de la résurrection de Jésus est le point culminant de la révélation de la miséricorde divine : c'est l'offrande du Fils au Père miséricordieux, dans l'étreinte de charité de l'Esprit Saint. C'est par amour que le Père envoie le Fils dans le monde. C'est par amour que le Christ s'offre au Père pour la rédemption de l'humanité pécheresse : « Il n'est pas de plus grand amour que de donner sa vie pour ses amis » (Jn 15, 13). C'est par amour que le Christ ressuscité donne l'Esprit Saint à l'Église : « Recevez l'Esprit Saint ; ceux à qui vous remettrez les péchés, ils leur seront remis ; ceux à qui vous les retiendrez, ils leur seront retenus » (Jn 20, 22-23). Le dernier geste du Christ ressuscité fut la remise du pouvoir divin de pardonner les péchés aux disciples. Croire en Dieu signifie croire en la miséricorde, et « le Christ de Pâques est l'incarnation définitive de la miséricorde, son signe vivant (*vivens signum*) : signe du salut à la fois historique et eschatologique [1] ».

Toute l'existence de Jésus, le Fils de Dieu incarné, a été tellement empreinte de bonté et de miséricorde, que saint Jean, le témoin véridique (cf. 3 Jn 12), définit Dieu par une seule parole : « *agapê* » (amour, charité : cf. 1 Jn 4, 8.16). C'est avec cette définition que la révélation vétéro-testamentaire du nom de Dieu parvient à son accomplissement : « Dieu est celui qui est » (cf. Ex 3, 14) ; « Dieu de miséricorde et de pitié » (cf. Ex 34, 6) ; « Dieu est amour ; celui qui demeure dans l'amour demeure en Dieu et Dieu demeure en lui » (1 Jn 4, 16).

Si l'amour est la nature même de Dieu, la créature aussi, image ressemblante de Dieu, est appelée à devenir miséricorde : « Soyez miséricordieux comme votre Père céleste est miséricordieux » (Lc 6, 36). Il s'agit donc d'acquérir la perfection de la charité du Père : « Soyez parfaits comme votre Père céleste est parfait » (Mt 5, 48), « le Père des miséricordes et le Dieu de toute consolation, qui nous console dans toutes nos afflictions, afin que, par la consolation que nous-mêmes recevons de Dieu, nous

1. *Dives in misericordia* n° 8.

puissions consoler les autres en quelque affliction que ce soit » (2 Co 1, 3-4). C'est ainsi que Jésus a agi, lui qui est devenu « un grand prêtre miséricordieux et fidèle dans les choses qui regardent Dieu, pour expier les péchés du peuple » (He 2, 17). C'est pour cela que la miséricorde est la béatitude du disciple du Christ : « Bienheureux les miséricordieux, ils obtiendront miséricorde » (Mt 5, 7).

La parabole de la miséricorde

Le mystère de Dieu « décrit » par Jésus (cf. Jn 1, 18) est le mystère du Dieu Père : « J'ai manifesté ton nom aux hommes » (Jn 17, 6). L'Évangile de Jean est tout particulièrement celui de la révélation du nom de Dieu, Dieu comme Père, mais aussi comme Fils et Esprit Saint. C'est la révélation du nom de Dieu comme la communion trinitaire. Dans le Nouveau Testament, Dieu, Père de Jésus-Christ (203 fois) et père des croyants (53 fois), est un père plein d'amour et de compassion, comme le père de la célèbre parabole de Luc 15, 11-32.

C'est une page inoubliable sur la bonté de Dieu, évoquée à travers la compassion et la tendresse d'un père terrestre. Il s'agit d'une pièce en deux actes. Le premier décrit la misère de l'homme. Ici, il s'agit de l'abandon du fils cadet et de la mesquinerie du fils aîné. Le deuxième acte décrit la miséricorde gratuite et sans limite de Dieu, qui pardonne au premier fils et comprend le second. Misère et miséricorde. Non pas la faute et le châtiment, mais la faute et la miséricorde.

Dans cette parabole, le fils cadet apparaît insatisfait, angoissé. Il veut modifier sa propre vie, il veut s'en aller ; et de fait, il quitte la maison paternelle, pour faire l'expérience de l'indépendance, de l'amour, de la liberté, de l'autoréalisation de soi. C'est une situation qui dépeint une donnée commune à toute existence humaine. Il arrive toujours un moment où l'on se sent fatigué, prisonnier d'une situation déterminée, et l'on veut changer. Il y a des phases où l'on se sent entouré seulement par l'indifférence et par la solitude. En réalité, il n'en est pas ainsi. Il reste l'amour et l'attente du Père. Il y a encore le retour à la maison paternelle. Dieu est l'espérance de l'homme angoissé. Dieu redonne confiance dans la vie aux fils insatisfaits. Dieu les étreint. Dieu est notre espérance.

Mais nous sommes aussi l'espérance de Dieu. En effet, Dieu ne désespère jamais, dans l'attente de notre conversion et de notre retour. S'il est vrai que cette parabole contient le portrait de Dieu, il est tout aussi vrai qu'elle propose également le portrait de l'homme nouveau du Nouveau Testament : un homme qui est aidé et sauvé lorsqu'il est dans une période de crise et de danger, un homme qui n'est ni jugé ni condamné.

La parabole comprend vingt versets avec trois personnages : le fils cadet, rebelle et impatient, aimant l'aventure ; le père miséricordieux, patient et infiniment généreux ; le fils aîné, travailleur et fidèle, mais également mesquin, jaloux, égoïste.

Le personnage clé de la parabole est bien sûr le Père, qui attend contre toute espérance son fils perdu. C'est l'image du Dieu Père, qui ne fait pas de discrimination et ne cesse jamais d'attendre le retour des fils égarés, puisque, comme le dit Jésus, le Père céleste « fait lever son soleil sur les méchants et sur les bons, et tomber la pluie sur les justes et sur les injustes » (Mt 5, 45).

Cette parabole, vieille de deux mille ans, touche le cœur de chaque homme en lui redonnant les battements de tendresse, le faisant passer de l'égoïsme au don, de la fermeture sur soi au partage. C'est la parabole qui – aux dires de Charles Péguy – « est restée plantée dans le cœur de l'impie comme un clou de tendresse ». Nous pouvons résister à la vérité, nous pouvons aussi résister à la beauté, mais nous nous rendons à la tendresse, à l'accueil qui pardonne et qui déploie la générosité, à cette merveilleuse floraison de l'amour gratuit.

Rainer Maria Rilke voyait dans la parabole du fils prodigue le drame de l'homme qui ne voulait pas être aimé. Quittant la maison du Père, il laisse la maison de l'amour, maison vers laquelle cependant il doit nécessairement revenir, puisque tout cœur, tôt ou tard, revient à la source de la charité.

Dans cette parabole, Dieu le Père a le visage abattu de celui qui souffre pour le fils qui s'est éloigné, pour la brebis qui s'est égarée, pour le voyageur attaqué et blessé, qui gît à demi-mort sur la route. C'est la parabole où nous apercevons la profondeur du cœur miséricordieux de Dieu, ainsi que la profondeur du cœur de ses fils, qui claquent les portes de la maison paternelle. Ce n'est pas l'histoire d'un seul fils prodigue, mais l'histoire de deux frères prodigues : le premier qui abandonne le Père ; le second qui n'admet pas la compassion et le pardon du Père. Paradoxalement, à la fin de la parabole, le fils pécheur devient l'exemple à imiter alors que le fils « fidèle » devient l'exemple à éviter. Le premier devient aimable et le second détestable. Malgré cela, Dieu continue à aimer. Il aime le prodigue parce qu'il revient, il aime l'aîné parce qu'il réalise aussi la conversion du cœur. Le rôle de Dieu est d'aimer. Seul Dieu peut aimer de cette façon, parce que seul Dieu est appelé « Amour » (cf. 1 Jn 4, 8.16).

Sur ce point, le christianisme des premiers siècles a accompli une immense œuvre d'inculturation de la foi, purifiant de leurs conceptions profondément antichrétiennes les courants significatifs de la pensée gréco-latine. Platon, Aristote et surtout les stoïciens tendaient à considérer la miséricorde, la piété et la compassion comme un sentimentalisme inutile. Pour Aristote, la miséricorde n'était pas une vertu mais la faiblesse des plus anciens et des enfants ; pour les stoïciens, c'était une maladie de l'âme. Les Pères s'opposèrent à cette vision, recueillant les notions proposées, par exemple, par Cicéron qui repoussait la fausse conception stoïcienne de la miséricorde et considérait la miséricorde comme une marque de sagesse, de moralité et de bonté.

« Dieu a des yeux miséricordieux »

On peut regretter à juste titre l'absence actuelle d'une théologie de la miséricorde, alors que l'on trouve des théologies de l'espérance ou des théologies de la libération, ou encore des théologies de l'inculturation. Il faudrait peut-être en chercher l'explication dans une mentalité contemporaine qui « semble s'opposer au Dieu de miséricorde et [qui] tend pareillement à éliminer de la vie et à ôter du cœur humain la notion même de la miséricorde [1] ».

---

1. *Dives in misericordia* n° 2.

Malgré cela, on ne manque pas de théologiens qui ont approfondi de façon originale le thème de la miséricorde. Ainsi, le théologien R. Garrigou-Lagrange affirmait dans les années 1950 : « Dans les Psaumes, il y a trois expressions qui vont ensemble : la misère de l'homme, qui invoque la miséricorde divine, pour la gloire divine. » Et il poursuivait : « La miséricorde divine est comme la racine, le principe de toutes les œuvres de Dieu, elle les pénètre avec sa force et les domine. À titre de première source de tous les dons, c'est elle qui influe le plus fortement ; c'est pour cela qu'elle dépasse aussi la justice, qui ne vient qu'en seconde place et qui lui est subordonnée. » L'œuvre décisive du Père est donc la miséricorde. En elle, le mystère de l'amour du Père qui va jusqu'au pardon atteint sa perfection. Elle appelle tous les hommes à une existence nouvelle : celle des vrais fils de Dieu.

5

L'offre du pardon

La mort et la résurrection de Jésus Christ sont le fondement inébranlable de la foi chrétienne. Le mystère pascal n'est pas une théorie philosophique ni une expérience à la portée de tous les hommes, ni la projection des espérances humaines dans une existence meilleure. C'est un fait attesté par des témoins choisis par Dieu, préparés à cette charge par l'invitation à partager la vie et le ministère de Jésus (cf. Ac 1, 8. 21s ; 10, 39-42 ; 13, 31). Notre unique voie d'accès à ce fait historique est le témoignage de ceux qui ont proclamé la bonne nouvelle du salut, annonçant l'amour qui a vaincu le péché et la mort, dans la mort et la résurrection de Jésus Christ. La révélation et le salut opérés par lui ont continuellement besoin de la médiation de l'histoire. Bien que toute réflexion théologique soit liée à ce fait, qui est la pleine révélation de Dieu à l'homme, et par conséquent bien qu'elle soit jugée par sa conformité au fait lui-même, celui-ci contient une intelligibilité humaine qui peut être exprimée par des mots. Car si Jésus a été « livré pour nos fautes », il a été aussi « ressuscité pour notre justification » (cf. Rm 4, 25). Afin d'éviter, de fait, que la révélation définitive sur la croix et dans la résurrection soit rendue vaine, Dieu devait inclure dans l'événement de la résurrection une certaine compréhension de celle-ci de la part de ses disciples. Ceux-ci étaient appelés à accepter en toute liberté Jésus ressuscité et à prêcher sa mort et sa résurrection pour amener les autres à la foi.

L'Écriture témoigne du primat de la résurrection. Hormis la Vierge, sa mère, tous les disciples de Jésus l'avaient trahi, renié et abandonné. Ils attendaient un règne messianique glorieux, dans lequel ils auraient joui de positions d'autorité, gouvernant leurs semblables (cf. Mc 10, 35-45). Plusieurs fois, Jésus leur avait dit : « le Fils de l'homme [...] n'est pas venu pour être servi, mais pour servir et donner sa vie en rançon pour la multitude » (Mc 10, 45). Malgré cela, la déception face aux désirs de grandeur les empêcha d'identifier le Fils de l'homme souffrant avec Jésus, que Pierre avait reconnu comme le Messie attendu depuis longtemps, et destiné à établir le royaume de justice de Dieu sur la terre (cf. Mc 8, 27-33). Comme le montre le récit de la Transfiguration, Pierre désirait retenir la gloire dans les tentes, sans parvenir à la croix. La voix du Père, cependant, ramena Pierre à la réalité de la croix avec ce commandement « Écoutez-le ! » (Mc 9, 2-13, avec référence à 8, 34 – 9, 1 ; Lc 9, 31s). La croix prit de surprise les disciples et leur espérance trop humaine. Le Christ ressuscité apparut à des hommes aux espérances déçues, à des hommes intimidés sans foi, à des traîtres sans amour, les appelant à la foi.

L'appel évangélique au repentir

Le début de l'Évangile de Marc résume brièvement le message de Jésus : « Le temps est accompli et le Royaume de Dieu est tout proche : repentez-vous et croyez à l'Évangile » (Mc 1, 15). Il vaut la peine de remarquer que, dans le texte original, le temps des verbes « accomplir » et « être proche » est un parfait en grec. Ce temps n'indique pas simplement une action passée, mais une action qui a des conséquences dans le présent. Par exemple, dans la phrase : « Je l'ai frappé à l'œil », le parfait grec impliquerait la conséquence de cette action : l'œil au beurre noir. Le résultat de l'accomplissement du temps et de l'approche du royaume est donné par le commandement un peu sec : « Repentez-vous et croyez à l'Évangile. » Avec cette tension entre l'indicatif et l'impératif, Jésus voulait signifier que l'initiative de Dieu qui fait irruption dans l'histoire était déjà en train d'obtenir une réponse de la part de la liberté humaine, à savoir le repentir de la foi. Le primat de l'intervention divine ne supprime donc pas le libre choix de la personne, mais l'invite à agir.

Le mot grec habituellement traduit par « repentez-vous » (metanoïete) signifie littéralement « changez d'avis » ou « changez votre cœur ». Jésus invitait les hommes à prendre une nouvelle direction, à changer radicalement leur vie, dans la mesure où tout changement d'avis et de cœur doit se manifester dans des décisions concrètes, dans des « fruits de repentir qui soient dignes » (cf. Lc 3, 8). Maintes fois, Jésus a demandé à ses auditeurs la conversion (cf. Mt 11, 20s ; 12, 41 ; Lc 13, 3-5 ; 15, 7.10). Ce changement dans la direction de leur vie était lié à la foi : « Croyez à l'Évangile. » L'objet de la foi était constitué tant par la personne de Jésus que par ses paroles (Mc 8, 38 ; Jn 2, 11.22s ; 3, 15.18 ; 4, 39.41.50), dans la mesure où une personne se manifeste par ses paroles et où les paroles révèlent la personne. La Parole était connue à travers ses paroles, même si sa pleine réalité personnelle ne pouvait pas être saisie complètement dans les paroles (cf. Jn 21, 25). Bien que le contenu de son message soit le Royaume de Dieu, il n'y avait pas de séparation entre Jésus et son message. En Lui, l'unique sans péché, le signe d'amour de Dieu prenait corps et était manifesté. Il était le point de conversion, la pierre angulaire de l'authenticité : « Que votre cœur ne se trouble pas ! Vous croyez en Dieu, croyez aussi en moi [...] Nul ne vient au Père que par moi » (Jn 14, 1.6).

Le drame du péché

La justice de Dieu

La compréhension catholique du péché originel, se basant sur l'enseignement de la Genèse et de saint Paul, dégage Dieu de toute responsabilité pour le mal présent dans le monde. Dieu est juste et doit être considéré comme juste dans tout ce qu'il fait. Cette explication, cependant, semble contraster avec le portrait d'un Dieu qui condamne tous les hommes après Adam, avant même que ceux-ci n'aient commis un péché personnel. Un tel Dieu peut-il être juste ?

Sans doute nous trouvons-nous en face d'un réel dilemme. Les péchés ont des conséquences, et nous ne pouvons pas isoler les hommes les uns des autres sans détruire leur nature. Car les hommes se trouvent, par leur naissance, dans une solidarité naturelle les uns avec les autres. Tous sont touchés par les péchés des autres, spécialement par les péchés de leurs propres parents. Par conséquent, les enfants sont inévitablement condamnés dès leur naissance. Un tel scénario semble très injuste à l'homme moderne.

Le refus de Dieu, cependant, ne résout pas pour autant les problèmes. S'il n'y a pas de vie après la mort avec un Dieu omniscient, tout-puissant, qui rend à chacun selon ses propres mérites, la justice devient un simple mot sans contenu. Si ce monde est *tout* le réel, et si l'on ne peut y trouver la justice, alors c'est qu'elle n'existe nulle part. Le refus de Dieu de la part de l'athéisme moderne n'a pas amélioré le dilemme de l'homme, mais l'a rendu ingouvernable. Sans Dieu, il n'y a pas d'espérance de justice pour un monde imprégné d'injustice et de manque d'amour. Même les meilleurs juges ne peuvent imposer le droit sur la terre. Le concept de justice tend à changer selon les hommes, qui se forment leur propre opinion, en prenant généralement comme point de départ les offenses qu'ils ont directement subies. Une fois qu'a été commis un péché et qu'a été imposée une peine, la partie à laquelle a été infligée la punition peut la percevoir non comme justice, mais comme une vengeance rancunière. Alors surgit une nouvelle demande de punition et de rétablissement de la justice.

Dans l'*Orestie*, le poète grec Eschyle décrivit la condition de l'homme comme une chaîne interminable de péchés, de punitions et de représailles qui détruisait la maison d'Atrée à travers les générations successives, parce que le rétablissement du droit d'une partie était ressenti par l'autre comme une injustice. Cette conviction conduisait ensuite à un rétablissement opposé du droit, considéré comme injuste par la première partie. Le cycle des punitions semblait infini. Puisque chacune des parties, dans ses tentatives de punition, réclamait la justice pour soi et interprétait l'action de l'autre partie comme criminalité illégale, il n'y avait pas d'issue au dilemme, jusqu'à ce qu'Eschyle introduise un pouvoir divin, la déesse Athéna, pour établir à Athènes le tribunal de l'Aréopage. Ce tribunal devait résoudre les prétentions opposées qui menaçaient de déchirer le tissu de la société athénienne. Proclamant l'absolution en cas de demandes accusatrices et défensives également valides, la déesse réussit à établir une sorte de paix pour la maison d'Atrée. La suite de l'histoire d'Athènes, cependant, montra que n'importe quel tribunal confié à des juges humains aurait été la proie de divisions et de conflits. Les avocats ajustaient leur évaluation des cas selon la nécessité de leurs clients. Quand la ressemblance du cas à la loi et aux cas précédents était à l'avantage du client, ils en grossissaient l'analogie. Quand ils avaient besoin du contraire, ils montraient comment le cas présent se différenciait de l'intention de la loi et des cas précédents. Les gens perdirent finalement la confiance en ces manipulations sophistiques de la justice.

Les hommes invoquent souvent la solidarité quand ils y ont intérêt puis, les circonstances variant, ils inversent leur position en soulignant leur autonomie de sorte que beaucoup, comme Platon, désespéraient de trouver une justice humaine parfaite sur cette terre. Eschyle avait compris la nécessité d'une intervention divine miséricordieuse pour résoudre les dilemmes de la justice, mais la cour purement humaine de l'Aréopage n'était pas en mesure d'accomplir un devoir divin. Quelqu'un devait rompre la chaîne du péché qui réclamait punition et de l'offense qui criait vengeance.

L'intervention de Dieu

Le sens de la justice de l'homme n'est pas la mesure de la réalité. Dieu n'est pas lié par une notion de justice qui s'exprime dans le proverbe "rendre à quelqu'un la monnaie de sa pièce", comme si les hommes et Dieu étaient égaux sous une notion supérieure de justice. Il n'y a pas de norme de justice hors de Dieu ou au-dessus de lui. Dieu est juste par nature et sa justice, enseigne l'Écriture, est justifiante ; cela signifie qu'il aime les pécheurs et les justifie gratuitement. Dans la mesure où Dieu est amour et où la justice est une avec Dieu, celle-ci doit être comprise à partir de son amour.

Dieu n'est pas lié par l'ordre présent de la création. Bien qu'il n'ait aucune obligation de sauver l'homme de ses péchés, il a choisi, dans son amour, de l'arracher à la chaîne dévastatrice du péché. Même si l'homme a rejeté l'amour, Dieu n'a jamais rejeté l'homme. Saint Irénée note que même dans le fait de chasser l'homme du paradis terrestre, Dieu a montré son amour en substituant aux feuilles de figuier qui frottaient durement la peau de l'homme, des vêtements plus doux et protecteurs faits de peaux d'animaux (cf. Gn 3, 21). Même l'éloignement de l'arbre de la vie (cf. Gn 3, 22-24) est considéré par lui comme une bénédiction « pour que l'homme ne demeurât pas à jamais transgresseur [...] et que le mal ne fût pas sans fin ni incurable [1] ». Un signe encore plus grand de l'amour de Dieu fut la promesse d'envoyer un homme de la descendance d'Ève qui écraserait la tête du serpent (cf. Gn 3, 15). Cette promesse regardait plus avant, vers l'unique sauveur de l'humanité, Jésus Christ.

Lui est devenu péché par amour pour nous. Comme l'écrit saint Paul : « Nous vous en supplions au nom du Christ : laissez-vous réconcilier avec Dieu. Celui qui n'avait pas connu le péché, Il l'a fait péché pour nous, afin qu'en lui nous devenions justice de Dieu » (2 Co 5, 21 ; Ga 3, 13). Les opposés les plus extrêmes devenaient ainsi unis : l'amour le plus saint qu'est Dieu s'unissait à l'humanité pécheresse ; Jésus entrait librement dans le monde pour mourir pour nous. C'est toujours l'apôtre qui l'affirme : « C'est, en effet, alors que nous étions sans force, c'est alors, au temps fixé, que le Christ est mort pour des impies ; – à peine en effet voudrait-on mourir pour un homme juste ; pour un homme de bien, oui, peut-être osera-t-on mourir – ; mais la preuve que Dieu nous aime, c'est que le Christ, alors que nous étions encore pécheurs, est mort pour nous. Combien plus, maintenant justifiés dans son sang, serons-nous par lui sauvés de la colère » (Rm 5, 6-9).

---

1. *Adversus Haereses* III, 23, 5s, PG 7, 963A-964A ; trad. franç. Irénée de Lyon, *Contre les Hérésies*, SC 210, éditions du Cerf, Paris, 1974, p. 461-463.

6

Salut, réconciliation et pénitence

Comme on l'a vu dans le chapitre précédent, après le péché, l'homme n'aurait pu, par ses propres forces, retrouver aucune assurance quant à l'amour et au sens de sa propre vie. Dieu devait intervenir avec l'incarnation de son Fils pour garantir à l'homme que l'amour est vraiment plus fort que le péché. Dans sa résurrection, le Christ révèle l'amour qui triomphe de la mort. Le Verbe de Dieu a prononcé une parole d'amour compréhensible par tous. Cette parole, cependant, crée ce qu'elle annonce. Le prophète Isaïe décrit l'efficacité de la Parole de Dieu en ces termes : « De même que la pluie et la neige descendent des cieux et n'y retournent pas sans avoir arrosé la terre, sans l'avoir fécondée et l'avoir fait germer pour fournir la semence au semeur et le pain à manger, ainsi en est-il de la parole qui sort de ma bouche, elle ne revient pas vers moi sans effet, sans avoir accompli ce que j'ai voulu et réalisé l'objet de sa mission » (Is 55, 10-11).

Une fois que lui est adressée la parole de Dieu, l'homme est mis au pied du mur. Il doit répondre. L'amour engendre l'amour ou, au contraire, est occasion de refus. L'annonce par Jésus du Royaume de Dieu, qui se réalise en sa personne, est pour l'homme une invitation et un défi.

Accepter Jésus veut dire partager sa vie et le suivre jusqu'à la croix ; cela veut dire l'aimer jusqu'à la mort.

Être unis à Jésus dans l'amour, cela signifie vivre pour son amour, partager sa vie d'amour, qui a vaincu la mort et le péché :

« Ce n'est plus moi qui vis, mais le Christ qui vit en moi. Ma vie présente dans la chair, je la vis dans la foi au Fils de Dieu qui m'a aimé et s'est livré pour moi » (Ga 2, 20).

Le sacrement de la pénitence

Le baptême est une consécration complète à Dieu qui s'est donné lui-même à l'homme. Hélas, les croyants pèchent encore après le baptême. Ce fait est souvent rapporté dans le Nouveau Testament. Outre le fait de prédire les tribulations de la fin des temps et la tromperie subie par beaucoup à cause des faux-prophètes (cf. Mc 13, 5s.21s), Jésus imputa aux « frères » une conduite coupable. Tant que les frères sont divisés, leur relation à Dieu est troublée : « Quand donc tu présentes ton offrande à l'autel, si là tu te souviens que ton frère a quelque chose contre toi, laisse là ton offrande, devant l'autel, et va d'abord te réconcilier avec ton frère ; puis reviens, et alors présente ton offrande » (Mt 5, 23-24). La réconciliation ne regarde pas seulement la réparation des offenses de la part des individus. La communauté de l'Église porte de l'intérêt au processus de réconciliation quand les frères ne réussissent pas à s'entendre : « Si ton frère vient à pécher, va le trouver et reprends-le, seul à seul. S'il t'écoute, tu auras gagné ton frère. S'il n'écoute pas, prends encore avec toi un ou deux autres, pour que *toute affaire soit décidée sur la parole de deux ou trois témoins*. Que s'il refuse de les écouter, dis-le à la communauté. Et s'il refuse d'écouter même la communauté, qu'il soit pour toi comme le païen et le publicain. En vérité je vous le dis : tout ce que vous lierez sur la terre sera tenu au ciel pour lié, et tout ce que vous délierez sur la terre sera tenu au ciel pour délié » (Mt 18, 15-18 ; cf. Lc 17, 3).

L'Église des origines, comme on le voit, était déchirée par les péchés de ses membres. Les lettres apostoliques sont pleines d'exhortations à éviter le péché, à pratiquer la vertu et à conserver la foi contre les faux maîtres. L'*Apocalypse* recueille des lettres adressées à différentes Églises avec la demande du repentir (cf. Ap 2, 2-7.13 ; 3, 6.15-22). Même les chefs des Églises locales pouvaient pécher (cf. 3 Jn 9-12) et saint Paul rappelle avoir reproché à Pierre de ne pas vivre en conformité avec l'Évangile, pour avoir refusé de prendre de la nourriture avec les chrétiens venus du paganisme qui ne suivaient pas la loi mosaïque (cf. Ga 2, 11-21). Pareillement, retournant à Corinthe, Paul craignait de trouver « discorde, jalousie, animosités, disputes, calomnies, commérages, insolences, désordres », du moment que « beaucoup [...] ne se sont pas repentis pour leurs actes d'impureté, de fornication et de débauche » commis dans le passé (cf. 2 Co 12, 20s). À l'intérieur de l'Église, l'opposition de la part de maîtres hérétiques s'éveilla et les auditeurs avaient « les oreilles qui les démangeaient » d'entendre leur prédication (cf. 2 Tm 2, 1-7 ; 4, 3s.14-16). On préférait les riches aux pauvres (cf. Jc 2, 1-7). Beaucoup s'éloignaient de la foi (cf. 1 Tm 4, 1-3) et il fallait établir des normes pour régler la conduite des veuves et pour juger les accusations contre les presbytres de l'Église (cf. 1 Tm 5, 3-22).

L'Église surmonte le péché dans la pénitence

Le chrétien ne combat évidemment jamais seul. Le salut n'est jamais une question privée entre lui et Dieu. En vertu de l'avènement de Jésus-Christ dans l'histoire, une norme d'amour, qui dépasse son expérience privée, a été placée sur le croyant. Puisqu'il est toujours lié à cette norme, il reste toujours un membre du corps du Christ. L'Église fournit et interprète la norme d'amour à laquelle est lié le chrétien. Celle-ci n'est pas seulement une règle externe. Quoi que fasse un chrétien, cela rejaillit sur tous les autres : « Un membre souffre-t-il ? tous les membres souffrent avec lui. Un membre est-il à l'honneur ? tous les membres se réjouissent avec lui » (1 Co 12, 26). L'Église entière est affectée par le péché post-baptismal et par le repentir de ses membres. De même que les actions vertueuses contribuent à édifier le Corps du Christ, de même le péché contribue à le blesser, et comme au paradis terrestre le péché a frappé l'image de Dieu et Dieu lui-même, aujourd'hui le péché offense l'Église.

La pénitence est un acte de l'Église. La réparation due pour le péché n'inclut pas seulement la relation individuelle avec Dieu ; la réparation est due aussi à l'Église qui a été blessée. De même que l'Église soutient les membres particuliers, souffrant pour leurs péchés, de même le pécheur, par sa conversion, doit réparer la blessure qu'il a infligée à l'Église. Jésus a donné à l'Église le pouvoir des clés de telle sorte que ce qu'elle lie ou délie sur la terre soit considéré comme lié ou délié aussi dans le ciel (cf. Mt 16, 19 ; 18, 18).

L'Église est intimement impliquée dans la conversion des chrétiens baptisés, mais pécheurs. Outre les blessures internes qui doivent être soignées, elle possède un ordre externe qui contribue à l'édification des croyants.

Comme médiatrice de la paix du Christ, l'Église célèbre le sacrement de la pénitence pour la purification et le salut de ses membres pécheurs. À travers son ministère, les croyants rencontrent le pardon et l'amour miséricordieux du Christ. La conversion assume une forme concrète puisque les chrétiens reconnaissent que le salut leur arrive, non de l'intérieur d'eux-mêmes, mais par la médiation historique du Christ qui donne vérité, grâce et amour. L'Église impose des pénitences qui doivent être accomplies après le péché, non seulement pour en faire comprendre la gravité et soutenir le pénitent dans la purification de sa vie, mais aussi pour indiquer que le péché a des conséquences durables pour le corps blessé du Christ. Pour cela, la pénitence consiste le plus souvent en prières ou en bonnes œuvres, qui « satisferont » pour le mal commis et se répercuteront sur le bien-être de l'Église entière.

Le sacrement de la pénitence a pris des formes variées au cours de l'histoire. Dans les siècles récents, l'attention a été mise sur la confession privée. Bien que les éléments communautaires soient réduits dans cette forme du sacrement, ils demeurent présents en la personne du prêtre qui représente l'Église et le Christ. Depuis le Concile Vatican II, des variations liturgiques ont été introduites pour souligner davantage les aspects communautaires du sacrement. Excepté les urgences clairement définies, les célébrations liturgiques communautaires de la pénitence ne seront pas dispensées de l'obligation de la confession individuelle à l'intérieur de la célébration plus large. Afin que le ministre de l'Église puisse accorder le pardon au nom du Christ, la responsabilité de tous les péchés graves doit être reconnue clairement avec le ferme propos d'y porter remède. Le pénitent doit soumettre ses propres péchés et son propre repentir à l'Église, de manière à ce que l'authenticité de sa conversion puisse être reconnue et renforcée de façon publique. La reconnaissance nécessaire de la responsabilité pour les péchés personnels commis risque de se trouver gravement affaiblie si la confession personnelle des péchés au confesseur est omise.

Les normes de l'Église demandent que tout catholique qui a commis un péché grave aille se confesser au moins une fois par an. Il est donc clair que le pécheur doit recourir à la confession dès que possible après le péché. Non seulement le péché mortel prive l'âme de la grâce, et en cas de mort exposerait le pécheur à la damnation ; mais il empêche aussi que le croyant reçoive le Christ dans l'eucharistie et participe pleinement à la vie de l'Église.

Péché et sentiment de culpabilité

Le sens du péché, renforcé par la confession, ne doit pas être confondu avec un sens maladif de la culpabilité. Le vrai sens du péché croît en proportion de notre volonté d'accepter le salut du Christ et de reconnaître que « le sang de Jésus nous purifie de tout péché » (1 Jn 1, 7). Plus le sens du péché est grand dans le chrétien, plus grande est aussi sa gratitude pour le pardon. En raison de ce pardon, il vit dans la joie, car seul le don divin peut le purifier du péché. Avec ce sens accru de la joie et avec cette gratitude survient un amour plus profond pour Dieu qui l'a sauvé. Des racines d'un amour plus profond pousse l'humilité, la reconnaissance qu'on n'aurait jamais pu avoir droit au don de l'amour.

Le monde moderne est souvent oppressé par la culpabilité, comme en témoignent la littérature, l'art et la psychologie elle-même. Cela peut s'expliquer dans la mesure où le sens de la culpabilité provient du refus de l'amour.

L'année consacrée à la réflexion sur Dieu le Père fait émerger l'importance d'une catéchèse sur le sens du péché et de la miséricorde de Dieu. Jean-Paul II le dit clairement dans *Tertio Millenio Adveniente* : « En cette troisième année, le sens du "cheminement vers le Père" devra nous pousser tous à parcourir, dans l'adhésion au Christ, Rédempteur de l'homme, un itinéraire de *conversion* authentique, qui comprend un aspect "négatif" de libération du péché, et un aspect "positif" de choix du bien, exprimé par les valeurs éthiques comprises dans la loi naturelle confirmée par l'Évangile. C'est dans ce cadre qu'il convient de redécouvrir et de célébrer avec ferveur le *sacrement de la Pénitence*, dans son sens le plus profond [1]. »

Cette année, il sera donc important de faire croître dans notre existence chrétienne une ouverture à l'accueil de la grâce.

1. TMA 50.

7

*Marie,
signe de la miséricorde
du Dieu Trinité*

Dans la tradition catholique, Marie est l'immaculée, la créature préservée de toute tache de péché, par pure miséricorde de Dieu. À ce propos, M.-D. Philippe affirmait : « La miséricorde l'enveloppe donc depuis le départ, totalement et complètement ; toute sa vie ne cesse d'être la réception en plénitude de la miséricorde de Dieu. Cette miséricorde est destinée à l'introduire dans l'amour, mais c'est un amour qui prend une nuance spéciale puisque, quand l'amour de Dieu est communiqué à une créature, il prend nécessairement la forme d'un amour de miséricorde [...]. Si nous comprenons comment Marie est le [...] chef-d'œuvre de cette miséricorde, nous aurons en quelque sorte la clé pour pénétrer dans toutes les miséricordes du Père et pour en vivre. »

Le choix de Marie par le Père se fonde sur l'extrême gratuité de son amour paternel, qui la rend « comblée de grâce » (Lc 1, 28). Le Père a déversé en elle la plénitude de sa miséricorde en vue de sa maternité messianique. Marie a été comblée de grâce a priori, en tant que choisie pour être mère du Fils de Dieu incarné. La plénitude de grâce est indice de sa sainteté, de sa consécration par Dieu, de sa mission.

Le *Fiat* et le *Magnificat* sont la réponse de Marie à la miséricorde du Père. Dans le *Magnificat*, Marie chante : « Le Tout-Puissant a fait pour moi de grandes choses. Saint est son nom, et sa miséricorde s'étend d'âge en âge sur ceux qui le craignent

[...]. Il est venu en aide à Israël, son serviteur, se souvenant de sa miséricorde » (Lc 1, 49-50. 54).

Commentant le *Magnificat*, Luther souligne l'humilité de la Bienheureuse Vierge à l'égard de Dieu le Père, et lui met dans la bouche ces mots : « [Le Seigneur] a vu que je suis une petite servante de rien du tout [...] C'est par pure miséricorde qu'Il a voulu regarder une personne aussi pitoyable, aussi méprisable ; Il aurait pu trouver une vierge moins méprisable, une vierge sage, riche, puissante [...] Dieu, mon sauveur, m'a regardée par pure grâce, moi, la méprisable [1]. »

De même Étienne Binet, un des mariologues les plus connus du XVIIe siècle, fait prononcer à Marie des paroles de louange à la miséricorde de Dieu : « Dieu, voyant mon humilité, ou plutôt ma bassesse, pris de compassion, m'a remplie de toutes ses faveurs ; il lui a plu de mettre tout en celle qui n'était rien, et l'immensité de ses miséricordes dans l'immensité de mes misères. Plus il me comble de grâces, plus je rentre dans mon néant et confesse naïvement mon indignité et ma faiblesse. Pour cela, toutes les générations me proclameront bienheureuse. Ce n'est pas à cause de mes qualités personnelles, oh non ; de moi, en effet, je n'ai que moi, et c'est bien peu de chose ; mais on me dira bienheureuse car j'ai reçu de l'amour infini de mon Dieu un monde de miséricordes. »

Le thème du *Magnificat* est fondamentalement celui de l'amour du Père envers les humbles et les pauvres. C'est pour cela que Dieu a choisi pour son dessein salvifique une vierge humble et pauvre. Et Marie, avec le *Magnificat*, devient signe de la miséricorde du Père envers tous les hommes. Le *Magnificat* est le cantique de la femme forte, qui revendique les droits de Dieu et qui fait entrevoir l'ordre nouveau qui s'instaurera à la venue du royaume.

Marie devient prophétesse de la miséricorde du Père et aussi son icône. En effet, elle connaît comme personne d'autre le mystère de la miséricorde qui atteint son sommet au calvaire. La Vierge qui à Noël est devenue Mère de Jésus, permettant à la

1. WA 45 p. 105, 7-106.

miséricorde de Dieu de s'incarner, devient au Calvaire Mère de l'Église, dilatant ses entrailles de miséricorde à l'égard de tous les fils. Pour cela aussi, la miséricorde du Seigneur s'étendra de génération en génération, assumant en Marie une connotation doublement maternelle et concrète.

Marie, mère de miséricorde

C'est donc à partir du donné biblique que l'Église en a appelé, avec confiance, à la protection miséricordieuse de Marie, comme en témoigne l'invocation de la fin du IIIe siècle : « Sous ta miséricorde, nous nous réfugions. » Au cours du premier millénaire, nous trouvons de nombreux témoignages concernant la clémence, la bonté et la miséricorde de Marie. Il semble que Jacques de Saroug († 521) soit le premier à avoir attribué à Marie le titre de « Mère de la miséricorde », titre qui sera diffusé ensuite en Occident, surtout dans le moyen âge latin, comme le démontre la prière mariale du *Salve Regina* (Xe siècle). Romanos le Mélode (première moitié du VIe siècle) chante dans une de ses hymnes « qu'au Miséricordieux convient une mère miséricordieuse ».

Dans la *Vie de Marie* de Maxime le Confesseur († 660), publiée seulement en 1986, à propos des dernières années de la Bienheureuse Vierge Marie, il est dit : « Sa miséricorde n'était pas seulement pour ses proches ou ses connaissances, mais aussi pour les étrangers et les ennemis, parce qu'elle était véritablement la Mère de la miséricorde, la Mère du Miséricordieux [...], la mère de celui qui pour nous s'incarna et fut crucifié, pour répandre sur nous, ennemis et rebelles, sa miséricorde. »

Dans quelques-uns des tropaires marials d'André de Crète († 740), on prie ainsi : « Avec des yeux miséricordieux, regarde mon âme pécheresse : moi, ce n'est pas des œuvres que je tire le salut, ô Dame Immaculée. » « Après avoir arrosé, ô Très Bonne, avec le ruisseau de ta miséricorde, mon âme rendue aride par le péché, rends-moi fécond dans la vertu. » « Soulève avec la richesse de ta miséricorde mon âme rendue misérable par le péché, ô Mère de Dieu. » Joseph Studite († 832), frère du célèbre Théodore, prie ainsi dans une ode à Marie : « Que cette miséricordieuse Mère de Dieu guérisse les âmes et les corps rendus gravement malades par les passions et par le péché. En effet, c'est toi qui as engendré le Christ, très grand médecin des corps et des âmes, et source inépuisable de vie. »

De même, Photius († vers 897) prie ainsi dans une ode : « Ô Reine du monde, si bonne, supplie le seul riche en miséricorde, qui s'est incarné de ton sang très pur, d'avoir pitié de moi, qui suis devenu la proie de méchancetés sans nombre. Toi qui possèdes une grande compassion, des entrailles tellement miséricordieuses et une bonté qui dépasse toute pensée, montre-les moi, ô Immaculée, et accorde-moi le pardon de mes transgressions sans nombre [1]. »

Jean Kyriotès, dit le Géomètre († à la fin du xe siècle), dans une homélie sur la dormition de Marie, présente une vraie synthèse de notre thématique : « Je sais que la Mère de la Miséricorde ne peut être sans miséricorde. Le prouvent, alors qu'elle était encore en vie, son amour pour les pauvres, son hospitalité, ses intercessions, les guérisons de l'âme et du corps pour qui en avait besoin ; maintenant qu'elle a été emportée aux cieux, le prouvent les miracles publics et privés, en tout lieu, de toutes sortes, supérieurs à toute parole, plus nombreux que les grains de sable ; le prouvent encore, parce que bien supérieurs et plus sublimes, les conversions et les continuelles réconciliations des pécheurs, le chemin et la garde des justes, et pour tout dire en un seul mot, le salut et la divinisation, tant communs que personnels, de la race qui lui est apparentée. De la sorte [...], celui qui aime immensément les hommes devient encore plus miséricordieux, lui qui a choisi celle-ci à cause de l'amour qu'il nourrit pour les hommes, et l'a établie non seulement Mère miséricordieuse, mais aussi médiatrice et réconciliatrice auprès de lui : de cette manière, notre Avocat auprès du Père a envers nous un penchant et une affection connaturelles et irrévocables pour un autre motif, étant continuellement supplié et ayant près de lui un

1. G. Gharib – E. Toniolo - L. Gambero – G. di Nola *(a cura di), Testi mariani del primo millenio*, Città Nuova Editrice, Roma, 1988-1991, vol. II, p. 865.

autre avocat, la Vierge, qui apaise sans cesse sa juste colère et fait parvenir à tous en abondance ses miséricordes et ses sollicitudes. »

En Occident également, Marie est très vite appelée « Mère de la Miséricorde ». Telle la proclame au VIIIe siècle Paul Diacre Warnefried († vers 799) dans une homélie sur l'Assomption : « Et, comme il convient à la Mère de la miséricorde, elle est pour nous toute miséricorde ; elle sait compatir aux faiblesses humaines, parce qu'elle connaît bien la matière de laquelle nous sommes faits. C'est justement pour cela qu'elle ne cesse jamais d'intercéder pour nous auprès de son fils [1]. »

Dans la vie d'Odon de Cluny († 942/943) on lit, à propos d'un jeune voleur admis par lui à la vie monastique, que, trois jours avant de mourir, il eut une vision de Marie qui se manifesta comme « la Mère de la miséricorde ». Titre qui se retrouve également chez Fulbert de Chartres († 1028).

Dans une prière d'un *Petit office* de sainte Marie du XIe siècle, on prie ainsi : « Sainte Marie, très miséricordieuse entre les créatures miséricordieuses, très sainte entre les saintes, intercède pour nous. Que par toi, ô Vierge, accueille nos supplications Celui qui, né de toi pour nous, règne désormais dans les cieux : que son amour miséricordieux efface nos péchés. »

Selon saint Bernard († 1153), si nous avons peur de recourir à la miséricorde du Père, nous pouvons nous tourner vers Jésus Christ, devenu notre chair et notre frère « miséricordieux ». Et si, même en Jésus, nous craignons la majesté divine, nous pouvons recourir à Marie, notre mère et notre avocate miséricordieuse, laquelle exauce ses enfants, comme le Père écoute le Fils.

Théophane de Nicée († 1381) dit de Marie : « Elle est en vérité et sans aucune feinte la miséricorde divine, du moment qu'elle est remplie de la bonté, de la miséricorde et de l'amour subsistant [...]. Elle est le vase capable de contenir cette bonté dans toute sa plénitude [...] puisqu'elle est entrailles de miséricorde divine. »

1. G. Gharib – E. Toniolo - L. Gambero – G. di Nola, *op. cit.*, vol. III, p. 755.

Dans les *Gloires de Marie*, saint Alphonse († 1787) souligne la miséricorde de Marie et surtout son regard et ses yeux maternels, tournés vers tous les hommes. Dans le commentaire du *Salve Regina*, le saint met dans la bouche de Marie l'affirmation suivante : « Je suis appelée par tous la Mère de la miséricorde, et vraiment la miséricorde de Dieu envers les hommes m'a faite ainsi miséricordieuse envers eux ; pour cela il sera misérable, et misérable pour toujours dans l'autre vie, celui qui dans celle-ci, pouvant recourir à moi, qui suis tellement compatissante avec tous et désire tellement aider les pécheurs, omet d'y recourir pas et se damne. »

Commentant l'invocation « Tourne vers nous tes yeux miséricordieux », saint Alphonse appelle Marie la mère qui est « tout yeux, afin de nous secourir, nous misérables, sur cette terre ». Il rapporte aussi un mot de Richard de Saint-Laurent pour lequel, si les yeux de Dieu sont dirigés vers les justes (cf. Ps 33, 16), ceux de Marie sont dirigés vers les justes et vers les pécheurs : « Puisque les yeux de Marie sont des yeux de mère, et la mère ne regarde pas seulement son enfant pour qu'il ne tombe pas, mais encore pour qu'une fois tombé elle le relève. »

Et encore : « Saint Bernard a écrit que Marie s'est faite toute à tous et a ouvert à tous le sein de sa miséricorde, afin que tous en reçoivent : l'esclave le rachat, l'infirme la santé, l'affligé le réconfort, le pécheur le pardon, Dieu la gloire ; et avec cela, il n'y a personne, du moment qu'elle est le soleil, qui ne participe de sa chaleur. »

Marie « Pacte de miséricorde »

Dans l'Église éthiopienne, connue pour son intense dévotion mariale, il existe une tradition très ancienne et très répandue à propos de l'existence d'un *Pacte de Miséricorde (Kidana Meherat)* entre Jésus et sa Mère en faveur des pécheurs. Invoquant le nom de Marie et célébrant sa mémoire, les pécheurs seraient libérés de toutes leurs fautes. Un tel pacte est devenu également un nom de la Bienheureuse Vierge Marie et est considéré comme l'ultime « Troisième Testament » de l'économie divine. La fête du *Kidana Meherat* est célébrée le 16 Yakatit (correspondant à notre 10 février) et commémorée le 16 de chaque mois. Le récit, qui nous est parvenu en diverses rédactions, parle de Marie qui fut transportée un jour par les anges, d'abord au paradis pour contempler la joie des rachetés, et ensuite en enfer où étaient punis les pécheurs : elle se désola beaucoup du sort de ces derniers et pria incessamment pour eux. Le 16 du mois de yakatit, alors qu'elle était au Golgotha à prier son Fils, Jésus lui apparut et lui demanda s'il pouvait exaucer un de ses désirs : « Que ferai-je pour toi, ma Mère ? Quel désir veux-tu que j'accomplisse pour toi ? » Et Notre Dame répondit [...] : « Ô mon cher Enfant et mon Sauveur, mon espérance et mon réconfort [...], exauce ma prière et ma supplication [...] À qui célèbre ma mémoire ; à qui édifie des églises à mon nom ; à qui habille ceux qui sont nus en mon nom ; à qui visite les malades et donne à manger aux affamés et à boire aux assoiffés ; à qui réconforte ceux qui sont dans la douleur et réjouit ceux qui pleurent ; à qui écrit mes louanges ; à qui a donné à son fils ou à sa fille mon nom ; à qui a chanté des cantiques à mon nom en chacune de mes fêtes : Toi, Seigneur, accorde la magnifique joie que l'œil ne voit pas et que l'oreille n'entend pas, et que l'esprit humain ne peut imaginer ! Je te prie et te supplie, ô Seigneur, pour tous ceux qui croient en moi : sauve-les, Seigneur, du Shéol, te rappelant la faim, la soif, tout ce que j'ai souffert pour toi et ensemble avec toi. » Notre Seigneur Jésus-Christ lui répondit : « Oui, comme tu as dit, j'accomplirai pour toi chacun de tes désirs. Ne me suis-je pas fait homme pour cela ? Je te jure sur ma tête que ce Pacte ne sera jamais rétracté. »

L'Église éthiopienne a l'usage aussi de louer Marie au moyen d'un genre littéraire appelé *Salamta* (pluriel de *Salam*, « salut »). Celui-ci forme souvent une sorte de litanie, qui magnifie les différentes parties du corps de la Bienheureuse Vierge Marie, comme la tête, le cou, les bras. Une de ces invocations dit ceci : « Salut à tes yeux, suspendus par un habile artisan comme deux lampes à la tour de ton corps. Ô Marie, tu es source de miséricorde et de clémence ! Sauve-moi par ta parole et libère-moi de la destruction, car sans ton aide personne ne peut être sauvé ».

La célébration artistique

La miséricorde de Marie, en plus de la liturgie qui est son lieu le plus significatif, est également célébrée dans l'art tant oriental qu'occidental. Gardant présent à l'esprit le sens non seulement esthétique et ornemental de l'icône orientale, mais aussi son profond contenu liturgique et théologique, rappelons ici le type d'icône appelé en russe « *Pokróv* » (voile, manteau, protection), qui indique la protection maternelle de Marie sur les cités de ses enfants. C'est une fête que l'Église russe célèbre depuis le début du XIIe siècle, le 1er octobre, pour faire mémoire de la médiation maternelle de Marie, symbolisée par le *mafórion*, étendu comme protection sur la ville et sur tous ceux qui s'adressent à elle [1].

À propos d'une icône de la « Protection de Marie », de l'école de Novgorod du XVe siècle, où la représentation atteint le maximum de la perfection artistique, Trubeckoj écrivait : « Nous voyons quelque chose de plus qu'une humanité blottie *sous* le manteau de la Madone. Se révèle ici comme une fusion spirituelle entre le monde et les saints rassemblés sous le manteau ; comme si tout ce rassemblement de saints en vêtements multicolores constituait le manteau vivant de la Madone, consacré par des myriades d'yeux intérieurement ardents, qui brillent comme des points embrasés [...] Vers elle, bien symétriquement, tend de toute part le mouvement de tant d'yeux humains [...] C'est la symétrie d'un arc-en-ciel inspiré autour de la Reine des cieux. »

Dans un texte de la fête liturgique du 1er octobre, on prie de la sorte : « Ô très sainte Dame, Vierge Mère de Dieu, couvre-nous de ton admirable manteau, protégeant le peuple de tout mal. De fait, l'admirable André te vit aujourd'hui alors qu'il priait dans l'église de Blacherne. Aujourd'hui aussi, ô notre Dame, envoie-nous ton abondante miséricorde. »

---

1. Cf. *Redemptoris Mater* n. 33, trad. franç. in DC 1938 (1987), p. 397.

Dans l'icône du type « Eléousa », Marie est représentée comme Mère de la miséricorde et de la tendresse. L'icône souligne l'affection profonde qui lie le Fils à la Mère. L'« Eléousa » est une variante de la « Brefokratoúsa » (la Vierge « qui soutient l'enfant ») et laisse transparaître sur le visage de Marie des sentiments de tendresse maternelle. Sa tête légèrement inclinée vers le Fils montre une attitude de protection. La première apparition de cette image à Constantinople remonte aux XI-XIIe siècles, puisqu'on connaît l'existence d'au moins deux églises consacrées à la « Panaghía Eléousa ». En général, l'inscription « Eléousa » se trouve rarement sur les icônes. Le nom, en effet, lui est donné par les nombreuses variantes, la plus connue étant la « Glykofiloúsa ». Sur cette icône, Marie embrasse et serre contre elle avec une tendresse maternelle l'Enfant-Jésus. Ainsi est soulignée l'affection qui lie la Mère au Fils, en même temps que leur grande intimité : l'enfant appuie sa joue sur celle de sa Mère et semble lui donner un baiser.

À ce type d'icônes appartient aussi la célèbre « Vladimírskaia » (Vierge de Vladimir), mentionnée par le Pape dans *Redemptoris Mater* au n° 33. Cette icône, qui est célébrée liturgiquement sous différents motifs au moins trois fois par an (21 mai, 23 juin et 26 août), est une version artistiquement très réussie de la « Glykofiloúsa », avec quelques particularités également de l'« Odigitria ». Marie, en effet, soutient avec sa main droite l'enfant qui, joue contre joue, l'embrasse et la regarde avec tendresse. La Vierge, cependant, qui a la tête penchée en signe de protection, a les yeux tournés en avant et, avec la main droite, indique aux fidèles son divin Fils. Restaurée après la révolution d'octobre et libérée de la « riza » – revêtement doré orné de pierres précieuses, vrai chef-d'œuvre d'orfèvrerie –, l'icône a révélé toute sa splendeur artistique et spirituelle. C'est un des sommets de l'iconographie mariale byzantine : « C'est peut-être l'icône mariale la plus belle et la plus chère aux Russes, dont elle a accompagné toute l'histoire. » Dans l'Office de la fête du 26 août, on recourt ainsi à la protection miséricordieuse de Marie : « Aujourd'hui, lumineuse et belle, la glorieuse cité de Moscou accueille comme l'aurore ta miraculeuse icône, ô Souveraine. Vers elle nous accourrons et, suppliants, nous t'invoquons ainsi : ô merveilleuse Reine, Mère de Dieu, prie le

Christ, notre Dieu qui a pris chair de toi, de garder cette cité et toutes les villes et régions chrétiennes, libres des embûches, et prie-le de sauver nos âmes, lui le Miséricordieux. »

Dans l'art occidental également, on connaît les toiles de la *Vierge de la Miséricorde*, caractérisées par le manteau ouvert de Marie qui protège ses fidèles. Grégoire de Tours diffusa, en Occident, la légende de l'enfant juif sauvé des flammes par le manteau de Marie. Le même contenu est exprimé substantiellement par les images de la *Pietà* et par le *Cœur Immaculé* de Marie. Certains ont même relevé dans le Jugement dernier de Michel-Ange un signe très significatif de la miséricorde de Marie, qui adoucit l'atmosphère de sévérité qui semble régner sur la chapelle Sixtine.

Le regard de Marie nous renvoie à ce que Jean-Paul II a écrit à ce propos, pensant justement à l'année consacrée à Dieu le Père : « Dans tout cet ensemble de préoccupations, la Très Sainte Vierge Marie, fille élue par le Père, se présente au regard des croyants comme l'exemple parfait de l'amour envers Dieu et envers le prochain [...] Le Père a choisi Marie pour une *mission unique* dans l'histoire du salut : être la Mère du Sauveur attendu. La Vierge a répondu à l'appel de Dieu avec une entière disponibilité : "Je suis la servante du Seigneur" (Lc 1, 38). Sa maternité, commencée à Nazareth et vécue suprêmement à Jérusalem au pied de la Croix, sera reconnue en cette année par tous les enfants de Dieu comme une invitation, affectueuse et pressante, à revenir à la maison du Père en écoutant sa voix maternelle : "Faites ce que le Christ vous dira [1]" (cf. Jn 2, 5). »

1. TMA 54.

8

La charité

En suivant toujours l'indication de Jean-Paul II, on doit maintenant consacrer un chapitre au thème de la charité. Le Pape écrit dans *Tertio Millenio Adveniente* : « Il conviendra donc spécialement, cette année-là, de mettre en relief la vertu théologale de la *charité*, en se rappelant l'affirmation synthétique et saisissante de la *Première Lettre de Jean* : « Dieu est amour » (1 Jn 4, 8.16). La charité, avec son double visage d'amour pour Dieu et pour les frères, est la synthèse de la vie morale du croyant. Elle a en Dieu sa source et son aboutissement [1]. »

Il est bon qu'en ces pages nous réfléchissions au thème de la charité.

L'amour est le commencement et la fin des chemins qui mènent à Dieu. Comme le proclame l'Écriture, Dieu est amour ; c'est le Père qui engendre éternellement son Fils dans le lien de l'Amour personnel qu'est le Saint-Esprit. Le monde fut créé pour que des créatures libres soient introduites dans la communion de l'amour trinitaire. Le péché ne détruisit pas le plan de Dieu ; il l'intensifia plutôt. Dieu a montré jusqu'où il voulait aller pour ses créatures : jusqu'à la croix. Bien que le don de soi pour la personne aimée appartienne à la nature de l'amour, le péché a conduit Dieu à manifester la plénitude de cette autodonation.

1. TMA 50.

L'amour n'est pas seulement l'extase de joie qui unit l'aimant à l'aimé. L'amour est aussi le sacrifice douloureux dans lequel on expérimente la profondeur de l'abandon de soi et du refus. Sur la croix, Jésus ne subit pas seulement la haine des ennemis ; il connut aussi l'abandon et la trahison de ses propres amis. Plus terrible encore fut son sentiment de désolation devant le Père : « Mon Dieu, mon Dieu, pourquoi m'as-tu abandonné ? » (Mc 15, 34 ; Ps 22, 1). Le plan divin du salut, incarné par Jésus, qui cherchait à unir Dieu et l'homme, semblait crouler. Tout ce que Jésus avait proclamé, et pour lequel il avait vécu, s'effondrait. Dieu était refusé par ces hommes à qui il était en train d'offrir sa vie.

Mais Jésus ne désespéra jamais. Il connaissait de l'intérieur l'amour infini de son Père. Bien plus, cet amour constituait son être même et son identité personnelle. Il était et il est toujours le Fils du Père, le Fils de son amour (cf. Col 1, 13), et il ne peut pas ne pas témoigner de son amour. Même le verset du psaume cité par Jésus sur la croix pour exprimer sa propre angoisse était une parole inspirée par Dieu, mise dans la bouche du psalmiste en anticipation de la croix. Jésus savait quel cri constituait le seul début de ce psaume. Sur ses lèvres, celui-ci se transforme en prière de très grande confiance en Dieu, et d'assurance de libération. Ainsi, face à la mort et à l'apparente victoire du péché, Jésus comptait sur l'amour infini et sur la préoccupation de son Père : « Père, en tes mains je remets mon esprit » (Lc 23, 46). Et lui-même prononça le mot de la victoire : « Tout est accompli » (Jn 19, 30).

Par la mort de Jésus sur la croix, le plan de Dieu atteint son accomplissement. La sainteté et la majesté de Dieu semblaient infiniment distantes de la figure tourmentée, brisée sur la croix, cette « malédiction » qui mourait sous la Loi de Dieu, dirigée contre le péché (cf. Ga 3, 13). Seul l'amour, Dieu lui-même, pouvait unir le refus absolu à la gloire transcendante. La force du contraste entre ce que les hommes attendent à propos de la sainteté de Dieu et l'abandon de la croix confère à l'amour de Dieu un resplendissement encore plus fort. Nul n'est soustrait à la force de l'amour de Dieu, aucun pécheur ne peut se considérer comme abandonné par lui, après que le Fils est devenu « péché » par son amour (cf. 2 Co 5, 21).

L'autodonation de Dieu sur la croix était la victoire de Dieu. Le Fils s'est offert lui-même en son humanité pour être comblé par le Père, reflet sous le règne du péché de ce qui survient dans l'éternité. La résurrection est la manifestation de la pénétration totale de l'amour de Dieu dans la nature humaine de Jésus. Son corps a été glorifié et, depuis lors, existe dans l'Église. Cette dernière est le grand don de Dieu à l'humanité. Elle représente la concrétisation de l'amour, le ploiement de Dieu aux conditions de notre liberté, de sorte que nous puissions accepter son amour. L'Église révèle aussi l'initiative de Dieu en notre faveur. L'Église, qui existe avant nous, annonce et rend présent l'amour crucifié et ressuscité de Dieu, pour que nous puissions y correspondre en l'acceptant et en le laissant prendre possession de notre vie.

Le primat de l'amour

L'amour est le mystère central du christianisme. Mais ce n'est pas seulement un mystère représenté objectivement ou exposé à des spectateurs passifs. L'amour divin cherche à se communiquer au cœur de l'homme et à l'animer. C'est la force qui donne à l'Église sa vie et sa structure. L'Église de Corinthe était secouée en son sein par des contestations sur le prestige et le rang que les chrétiens s'attribuaient à partir des charismes reçus. Saint Paul leur rappelle l'essentiel de la vie chrétienne dans un célèbre chapitre qui est comme une hymne à l'amour : « Quand je parlerais les langues des hommes et des anges, si je n'ai pas la charité, je ne suis qu'un airain qui sonne, ou une cymbale qui retentit. Quand j'aurais le don de prophétie et que je connaîtrais tous les mystères et toute la science, quand j'aurais une foi totale, à transporter les montagnes, si je n'ai pas la charité, je ne suis rien. Quand je distribuerais tous mes biens pour l'entretien des pauvres, quand je livrerais mon corps au feu, si je n'ai pas la charité, cela ne m'avance à rien. La charité est patiente, la charité est dévouée. La charité n'est pas envieuse, elle n'est pas infatuée ni hautaine. Elle ne fait rien de malséant, elle ne cherche pas son intérêt, elle ne s'emporte pas, elle ne tient pas compte du mal. Elle ne prend pas plaisir à l'injustice, mais elle trouve sa joie dans la vérité. Elle excuse tout, elle croit tout, elle espère tout, elle endure tout. La charité ne passe jamais. Les prophéties disparaîtront ; le don des langues cessera ; le don de connaissance disparaîtra. Notre science est imparfaite, nos prophéties sont imparfaites ; mais, quand sera venue la perfection, alors disparaîtra ce qui est imparfait. Quand j'étais enfant, je parlais comme un enfant, je pensais comme un enfant, je raisonnais comme un enfant. En devenant homme, j'ai éliminé tout ce qu'il y avait de puéril. Aujourd'hui, nous voyons comme dans un miroir, confusément ; alors, nous verrons face à face. Aujourd'hui, je ne connais que partiellement ; alors, je connaîtrai comme je suis connu. Actuellement, trois choses demeurent : la foi, l'espérance, la charité ; mais la plus grande des trois, c'est la charité » (1 Co 13, 1-13).

Il est aisé de reconnaître dans ce chapitre de saint Paul l'esprit des béatitudes prêchées par notre Seigneur. Ces affirmations figurent au début du message de Jésus, dans l'Évangile selon saint Matthieu, et elles décrivent l'esprit qui doit régner dans le Royaume de Dieu. Quelle différence entre l'esprit de Jésus et la sagesse mondaine ! Jésus loue et considère comme bénis les pauvres en esprit, les affligés, les doux, ceux qui ont faim et soif de la justice, les miséricordieux, les cœurs purs, les artisans de paix, ceux qui sont persécutés pour la justice (cf. Mt 5, 3-10). Le fondement de sa prédication n'était pas la sagesse humaine ordinaire, qui dans le meilleur des cas est ambiguë et, dans le pire, conseille de tirer immédiatement profit de ce monde. Jésus s'oppose plutôt à la sagesse du monde parce que sa source d'expérience transcendait ce monde. Il se connaissait lui-même et connaissait le Père et, par cette connaissance expérimentale, il pouvait juger avec soin le monde. Il relativisait les richesses de celui-ci parce qu'il connaissait la force créatrice de l'amour de Dieu. L'amour répandu par Dieu dans le cœur de l'homme doit résister à l'égoïsme et rétablir les valeurs voulues par Dieu. L'Église des disciples de Jésus est évidemment le lieu privilégié où doit régner l'esprit du Royaume. Il est inévitable qu'apparaisse un conflit entre l'Église et le monde. L'Esprit de Jésus anime l'Église, mais le monde obéit à des critères différents.

Les vertus théologales

La vie chrétienne n'a pas d'autre sens ni d'autre but que l'amour. Elle est structurée par les trois vertus théologales de foi, d'espérance et d'amour. Quand tout le reste passe, comme l'écrit saint Paul, celles-ci demeurent, et la plus grande c'est l'amour. Au fond, foi et espérance sont contenues dans l'amour. La foi chrétienne affirme, face au péché et à la mort, que l'amour est plus fort qu'eux. Sa confiance se fonde sur la connaissance du fait de la résurrection de Jésus. Tous les dogmes de l'Église cherchent à soutenir la vérité de ce fait, en y reconnaissant la structure et les implications de l'amour incarné, crucifié et ressuscité. L'amour n'est pas une sensation indéfinie ni une bienveillance philanthropique générale. Pour aimer, il faut une structure définie que l'esprit humain peut comprendre. Le message chrétien montre une profonde unité enracinée dans l'amour de Dieu : l'Amour qui s'est fait homme et l'Amour qui est encore présent dans l'Église sous les espèces du pain et du vin.

L'espérance chrétienne, quant à elle, est confiante dans la victoire finale de l'amour, tant dans les personnes que dans l'histoire. Ce qui rend l'espérance et la foi si difficiles, c'est le panorama contrasté que le monde présente ; il n'a pas encore été transformé en signe transparent de l'amour de Dieu. Pourtant, si l'Amour confessé par la foi est authentique, il doit transformer le monde et les hommes qui l'habitent. L'amour manifeste la toute-puissance de Dieu, puisqu'il appelle les hommes à tout abandonner par amour. Seules l'humilité de Dieu, face à la liberté, et sa patience, face au péché de l'homme, ont retardé l'universalisation de la victoire du matin de Pâques. Dieu veut que la liberté de l'homme se convertisse à l'image de son Fils et coopère à son dessein de salut. Mais, à la fin des temps, la victoire de l'Amour sera garantie et pleinement manifestée. La toute-puissance de l'Amour aura le dessus.

La foi est vide et l'espérance vaine si le croyant ne fait pas l'expérience de la charité dans l'Église du Christ. Entre le fait passé, qui est la base de l'espérance, et l'accomplissement futur de l'espérance, l'Église doit s'efforcer de servir de pont. C'est seulement si la charité est actuellement vécue dans l'Église, que la foi trouve des yeux pour voir et interpréter correctement le passé, et le courage pour soutenir le combat de l'espérance contre les apparences de ce monde.

Le mystère de l'amour

L'amour est le plus grand mystère du monde. Tous les hommes veulent être aimés et savoir qu'il y a un sens à leur vie. Tous pensent savoir ce qu'est l'amour, puisqu'ils ont été aimés d'une certaine façon par leurs parents ou par d'autres. Même dans le pire des cas, l'amour a peut-être été annoncé par son absence, comme un bien désiré de tout cœur. Mais, malgré l'apparente connaissance universelle de l'amour, celui-ci reste un mystère parce que son don est soustrait au contrôle de la personne aimée. La raison ne peut ni imposer que l'amour soit donné ni l'expliquer une fois qu'il est donné. Aucun homme, objet d'amour, ne peut trouver une justification au fait de recevoir un don total, un engagement dans lequel celui qui aime assure être fidèle au point de préférer l'aimé à soi-même, jusqu'à la mort.

Tous les hommes cherchent l'amour, et pourtant le don de l'amour est toujours plus que ce qu'ils attendaient ou espéraient. En son sens plénier, il requiert une participation à la vie même de Dieu, une autodonation infinie envers l'aimé. Aucun désir, aucune espérance de l'homme ne peuvent rester inachevés quand Dieu lui-même se donne aux hommes dans l'amour. Les hommes doivent seulement s'ouvrir à l'amour et laisser celui-ci pénétrer plus profondément encore dans leur cœur. Au terme, les justifiés seront tous pris dans le mystère d'Amour infini et il leur sera donné la force de répondre parfaitement, en se donnant totalement, pour se retrouver pleinement en Dieu.

Les tentations contre l'amour

Si, au terme, le mystère de la charité explique tout au ciel et sur la terre, il jette déjà une lumière suffisante pour nous guider à travers les méandres obscurs de cette vie. L'amour saisit certainement tout le monde, et ses promesses éternelles seraient irrésistibles s'il n'y avait pas toutes les souffrances de la vie. Non seulement la mort menace ce que nous sommes, ce que nous avons et que nous considérons comme cher, mais une étude empirique, sociologique, du comportement humain pourrait difficilement démontrer que l'amour autosacrificiel est le premier motif de l'agir humain. Cette étude est rendue plus difficile encore par la tendance qu'ont les sociologues à réduire la motivation humaine au plus petit dénominateur commun et à chercher les raisons du comportement dans la tension humaine fondamentale vers le plaisir, la possession et le pouvoir. Avec tant de souffrances dans le monde, quand même les intentions et les projets les meilleurs sont frustrés, comment les hommes peuvent-ils être sûrs que l'amour est le sens de l'existence et qu'un Dieu amoureux se préoccupe d'eux ? Face à l'absence d'amour qui caractérise leur expérience, face à un monde dans lequel l'homme est un loup pour l'homme et où les êtres humains se manipulent réciproquement, certains refusent l'existence de Dieu ou affirment qu'il est sans intérêt pour résoudre les problèmes de l'homme sur la terre.

Le sens chrétien de la souffrance

Pour un chrétien, la douleur et l'angoisse de l'existence ne proviennent pas simplement de sa finitude. Car la création est bonne et Dieu crée des êtres finis. La finitude fournit sûrement la possibilité de la souffrance. Avoir un corps veut dire pouvoir trébucher. Être un esprit limité inclut la liberté et la possibilité de refus de la part d'autrui mais aussi, en sens contraire, la possibilité d'un mauvais usage personnel de la liberté, avec les conséquences qui en découlent. Supprimer toutes les possibilités de souffrance voudrait dire abolir la finitude de l'homme et le faire Dieu, c'est-à-dire céder à la tentation originelle de l'Éden et tenter l'impossible. Cependant, la possibilité de la souffrance n'est pas un mal en soi. Un monde sans la possibilité de souffrir serait absolument ennuyeux, un monde sans défi et sans réalisation. Sans dragon à combattre pour sauver des jeunes filles en danger, les chevaliers en colère verraient leurs cuirasses se rouiller. D'autre part, il est nécessaire que les dragons constituent de réels dangers. Car l'amour désire se donner et réaliser un don à la personne aimée. Puisque le degré de « souffrance » présente en n'importe quelle entreprise est aussi déterminé par la façon dont il est perçu, les « souffrances » de l'Éden auraient été relativement mineures. Les coups reçus au cours d'un match de football ou de rugby se sentent à peine dans l'enthousiasme de la lutte. Bien plus, le jour suivant, les contusions peuvent être arborées comme signe d'orgueil !

L'horreur de la souffrance gratuite et dépourvue de sens n'est entrée dans le monde qu'avec le péché, qui a détruit l'unité naturelle entre les hommes et qui a fait du monde, dans la meilleure des hypothèses, un signe ambigu de l'amour de Dieu. Depuis lors, l'homme en a été réduit à combattre contre l'autre, – *homo homini lupus* –, et les raisons pour se sacrifier n'ont plus été claires. Tout et tous sont devenus une menace pour l'individu, pour son avantage, pour son existence. Pourtant, le chrétien sait que chacun doit souffrir pour les autres. Il est impossible de se séparer de ses propres frères et sœurs en Adam, et toute tentative en ce sens a pour seule conséquence d'augmenter le mal, le manque d'amour, dans le monde. Pour le chrétien, la souffrance est un mystère plus encore que pour le noble bodhisattva bouddhiste, lequel retarde l'illumination personnelle et la béatitude pour se montrer compatissant, pour partager les souffrances des autres et laisser leurs désirs s'apaiser en lui. Le chrétien sait que les désirs peuvent être bons, dans la mesure où ils surgissent de la création ; tandis que la concupiscence peut leur imprimer une orientation mauvaise. Plus encore, le chrétien voit dans la souffrance une invitation positive à s'unir au Christ et à contribuer au salut du monde. L'amour unit à l'aimé, avec le désir d'en partager le sort. Y a-t-il une mère qui, face aux souffrances de son enfant, préfère rester là à regarder, plutôt que de souffrir avec et pour lui ? Quelle ne devrait donc pas être notre attitude face à Dieu, qui a tant souffert pour nos péchés ! Si Jésus a souffert pour le chrétien, le chrétien ne doit-il pas désirer partager les souffrances de Jésus ? L'Écriture assure qu'il peut le faire et que, de fait, il partage bel et bien ses souffrances.

Prêcher l'Évangile dans un monde hostile inclut presque nécessairement la souffrance. Jésus avertit : « S'ils m'ont persécuté, ils vous persécuteront vous aussi » (Jn 16, 20). Aucun disciple n'est plus grand que son maître (cf. Jn 15, 20 ; 13, 16 ; Mt 10, 24s.). Le prix de la gloire avec le Christ est la souffrance avec le Christ (cf. Rm 8, 17 ; 2 Tm 2, 11s ; Ac 14, 22). La communion (*koinônia*), établie et manifestée avec la plus grande clarté dans l'eucharistie, inclut une participation aux souffrances du Christ (cf. Ph 3, 10 ; 1 P 4, 13). En effet, « les souffrances du Christ abondent en nous », écrit saint Paul (2 Co 1, 5). L'Apôtre supporte de nombreuses souffrances, « la mort de Jésus », par amour des chrétiens qui, à leur tour participent à ses souffrances (cf. 2 Co 1, 6s ; 4, 8-12 ; Ep 3, 13). Paul écrit encore : « Je trouve ma joie dans les souffrances que j'endure pour vous, et je complète en ma chair ce qui manque aux épreuves du Christ pour son Corps, qui est l'Église » (Col 1, 24). L'Apôtre ne dit pas qu'il manque quelque chose à la passion du Christ, mais qu'il manque quelque chose à sa participation à la passion. L'efficacité parfaite de la mort rédemptrice du Christ se manifeste dans la possibilité de participation que celle-ci ouvre aux croyants. De même que l'indicatif de l'action de Dieu ne détruit pas mais fonde l'impératif qui nous est adressé, et que l'infinité de Dieu n'empêche pas l'existence des êtres finis mais les crée, de même les souffrances du Christ posent le fondement du sens de la souffrance humaine. Uni au Christ dans l'amour, le croyant souffre pour les autres, pour tous les pécheurs auxquels il est uni en Adam, comme pour tous les justifiés dans le corps du Christ. Car tout ce que chaque membre du corps du Christ fait et souffre rejaillit sur tous les autres membres (cf. 1 Co 12, 26). À travers la souffrance, l'amour est purifié et il croît. Ainsi, non seulement la personne qui accepte spontanément sa propre souffrance en union avec le Christ grandit-elle dans la grâce, mais elle contribue aussi à l'accroissement et à l'efficacité de l'amour dans l'Église, qui est l'instrument de salut pour tous. De cette façon, même ce qui, à première vue, semble le plus opposé à la volonté de Dieu, la souffrance, est assumé dans le plan de Dieu et rendu capable de le louer.

Pour les chrétiens, il n'y a rien dans leur expérience qui puisse les éloigner de Dieu (cf. Rm 8, 35-39). Tout, souffrance ou joie, peut servir à accroître l'amour et à construire le corps du Christ (cf. Ep 2, 22s ; 4, 16 ; Col 2, 19). Ainsi, à travers la croix, la souffrance est-elle changée en or de la grâce et de la gloire, et, par la grâce, l'ordre naturel rejoint plus largement encore le destin d'union avec Dieu qui était originairement préparé pour lui. Comme nature et liberté, nature et grâce ne doivent pas être juxtaposées. La seconde présuppose la première, tandis que la première est corrigée, conservée et élevée au-dessus d'elle-même par la seconde.

L'amour de Dieu et l'amour du prochain

Si l'amour est le commencement et la conclusion des chemins du Seigneur, l'amour doit aussi être le début et la fin des chemins de l'homme. Car, en devenant homme, Dieu a uni le destin de l'homme au sien, en lui donnant part à sa vie d'amour sans fin. Depuis lors, sur la terre comme au ciel, nul ne peut aimer Dieu sans aimer l'homme, son image, ni aimer l'homme sans aimer Dieu. La *Première épître de saint Jean* établit cette vérité sans équivoque : « Bien-aimés, aimons-nous les uns les autres, parce que l'amour vient de Dieu, et que quiconque aime est né de Dieu et connaît Dieu. Celui qui n'aime pas n'a pas connu Dieu, puisque Dieu est amour. En ceci est apparu l'amour de Dieu pour nous : il a envoyé son Fils unique dans le monde, afin que nous vivions par lui. En ceci consiste l'amour : non pas que nous ayons aimé Dieu, mais que lui nous a aimés, et a envoyé son Fils expier nos péchés. Bien-aimés, si Dieu nous a aimés à ce point, nous devons aussi nous aimer les uns les autres. Personne n'a jamais contemplé Dieu. Si nous nous aimons les uns les autres, Dieu demeure en nous et son amour est parfait en nous » (1 Jn 4, 7-12).

Saint Jean écrivait cette exhortation à des chrétiens qui partageaient la vie du Christ. Dans la famille qu'est l'Église, les frères et les sœurs de Jésus doivent s'aimer mutuellement puisque le Dieu d'amour habite en eux. En effet, il habite en eux dans la mesure où ils s'aiment réciproquement, tant sont étroitement liés amour de Dieu et amour des frères. Une relation analogue peut être appliquée aux non-chrétiens. Saint Paul les comprenait dans l'enceinte de l'amour chrétien : « Tant que nous en avons l'occasion, pratiquons le bien à l'égard de tous et surtout de nos frères dans la foi » (Ga 6, 10). Dans la mesure où Dieu veut que tous les hommes soient sauvés et parviennent à la connaissance de la vérité (cf. 1 Tm 2, 4), son amour s'étend à eux, et les chrétiens ont l'obligation de répandre la vérité sur Jésus par la parole et le témoignage de vie (cf. Mt 28, 19s ; Lc 24, 47s ; Ac 1, 8).

L'amour qui provient du Christ et l'amour du chrétien qui y répond ne sont pas des sentiments vagues. Ils incluent un engagement définitif et manifestent une structure de base qui peut être reconnue et qui est réalisée dans l'Église, le corps du Christ. C'est seulement à partir de ce centre que les hommes trouvent la force pour se donner totalement à Dieu et pour les nécessités de leurs frères. Cette vérité est démontrée de la façon la plus incontestable par la Vierge Marie, qui consacra sa propre vie à son Fils. C'est pour cela que l'Église voit en elle la forme parfaite de sa réalisation.

9

La prière du Notre Père

Le *Notre Père* est la prière que Jésus a voulu laisser à ses disciples. Elle constitue le terme d'un long chemin qui a permis de comprendre progressivement, sous la sage conduite de Jésus, la relation cohérente que les baptisés doivent avoir avec Dieu. Elle est, pour tous les chrétiens, une prière sacrée non seulement parce qu'elle est sortie des lèvres mêmes de Jésus, mais surtout parce qu'il a voulu qu'en elle se manifeste l'originalité de la foi en lui. Jésus est le chemin nécessaire pour accéder au Père et, par lui qui est le Fils, nous sommes, nous aussi, habilités à nous tourner vers Dieu en l'appelant Père.

Avec raison, le *Catéchisme de l'Église catholique* se termine par l'explication du *Notre Père*. Le sens en est clair : le contenu central de la foi et tout l'enseignement de l'Église se condensent dans la prière que Jésus a enseignée à ses disciples. Nous aussi, en récitant chaque jour cette prière, nous professons comme la synthèse de tout l'Évangile ; en elle, en effet, nous reconnaissons la révélation de Jésus et nous affirmons croire à son amour, qui ne connaît pas de déclin.

Le texte liturgique du *Notre Père* [1] le plus répandu – celui que

---

1. Dans les pages suivantes, nous nous sommes amplement servis du commentaire fait de la prière du *Notre Père* par Ugo Vanni. Il nous a semblé, de fait, qu'un tel commentaire était bien indiqué pour notre texte, qui veut être une aide à la catéchèse, en préparation au Grand Jubilé de l'An 2000. Nous profitons de l'occasion pour remercier l'auteur.

nous utilisons ordinairement – reprend la formulation proposée par l'Évangile de Matthieu (cf. Mt 6, 9-13), que nous trouvons insérée dans le grand discours sur la montagne (cf. Mt 5-7). Pour comprendre cette formulation, il faut être attentif d'abord au contexte, puis au texte qui l'exprime et finalement aux implications qu'il contient et qui sont développées ailleurs, toujours chez Matthieu.

Le cadre du *Notre Père* est le discours sur la montagne. Cela est déjà un fait significatif. Le discours est un programme relativement complet de la pratique chrétienne basée sur les béatitudes initiales (cf. Mt 5, 3-11). Ces dernières représentent les jugements de valeur que Jésus donne sur les choix fondamentaux de l'homme, sur les aspects, valables ou non, de sa vie. Au long de trois chapitres, ces choix fondamentaux sont développés, détaillés, appliqués aux diverses situations. Entre les situations concrètes, objet d'une application plus ponctuelle, nous trouvons la prière typiquement chrétienne. Celle-ci n'aura pas cette attitude extravertie, horizontale, qui constituait parfois une dégénérescence de la prière juive – et pas seulement juive – de l'époque. Jésus insiste sur le fait que la prière est adressée au « Père qui voit dans le secret » (Mt 6, 6). La prière chrétienne apparaît donc comme un dialogue marqué par une intense intimité filiale, qui a lieu entre le chrétien et Dieu. Justement parce qu'elle est un dialogue entre deux personnes, on se comprend à demi-mot. Il n'est pas nécessaire de multiplier les paroles, comme – et c'est explicitement mentionné – « font les païens » (Mt 6, 7). Il y avait probablement, dans la communauté ecclésiale de Matthieu, une tendance au verbiage qui devait se refléter également dans la prière. En revanche, le rapport du chrétien avec le Père est ténu, essentiel, il atteint la profondeur. C'est dans ce contexte spécifique que se place le *Notre Père*. Le contexte le qualifie comme une prière typiquement chrétienne, qui part du cœur de l'homme et tend à rejoindre, pour ainsi dire, le cœur de Dieu. Avec ce caractère essentiel, cette profondeur, cette ouverture qui ne peut pas toujours être conceptualisée, et qui est caractéristique d'un rapport de maturité avec le Père.

Voyons maintenant de plus près comment s'articule la prière caractéristique du chrétien. Nous trouvons en Mt 6, 9-13 et Lc 11, 2-4 la présentation de la formule du *Notre Père*.

Notre Père qui es aux cieux

Nous commençons notre analyse par Matthieu. La prière chrétienne s'adresse à Dieu en l'appelant « Père ». Le terme, dans le milieu où vivaient Jésus et les premiers disciples, a, avant tout, une résonance à caractère social. Le père est celui qui, avec le sens de la responsabilité et du soin, organise la vie familiale et pourvoit aux besoins des personnes (cf. Mt 13, 52). Toute la famille repose sur le père, sur son activité, sur ses capacités, sur son habileté et sa sagesse. Nous nous tournons ainsi vers Dieu en nous sentant en famille, ensemble, dans la conscience que, comme Père, il s'occupe de nous et le fait de manière adéquate.

À côté de la phénoménologie qui voit le père placé dans le milieu collectif de la famille, le rapport strictement intersubjectif mérite d'être souligné. Le père est aussi celui qui éduque, celui qui comprend le fils et envers lequel le fils a une confiance totale. La figure du père, entendue dans cette double dimension, est référée à Dieu. Pour cette raison, en appelant Dieu Père, le chrétien se sent uni à lui par un lien familial et, en plus, se sent aimé et parfaitement compris. Dieu est vraiment « ton Père qui voit dans le secret » (Mt 6, 6).

De ces deux aspects, celui qui porte sur le collectif est mis en valeur : on dit *Notre Père*, avec une référence à la dimension sociofamiliale que les chrétiens sont en train d'assumer. Il y a peut-être un rappel contre certaines tendances centrifuges propres à la communauté de Matthieu. En tout cas, est souligné le fait que les chrétiens vivent ensemble, non seulement comme un agrégat social, mais en vertu d'un lien qui les unit en traversant leurs valeurs les plus intimes et les plus personnelles. Le Père qui « voit dans le secret » est aussi le Père qui les voit tous ensemble.

Dieu, pensé et compris dans les catégories du père dont on a l'expérience sur la terre, demeure à son niveau transcendant. La transcendance ne diminue pas sa paternité. Au contraire, nous pourrions tout à fait dire que Dieu multiplie sa divinité par la paternité et sa paternité par la divinité. On a ainsi un Dieu infiniment Père et un Père qui est tel à l'infini. Tout cela est indiqué par l'expression « qui es aux cieux ». Les cieux – nous pourrions dire aussi « ciel » au singulier – signifient le niveau propre à Dieu, en soulignant sa réalité inatteignable. C'est également une injonction pour éviter une quelconque banalisation. Dans l'approche de Dieu comme Père, il y avait le risque, non pas de le sentir trop proche – cela n'arrive jamais – mais de le considérer, pour ainsi dire, en format réduit, en projetant sur lui les catégories de l'expérience, inévitablement limitée, de la paternité terrestre. Matthieu avertit contre ce risque quand il oppose le niveau de l'homme au niveau de celui qu'il nomme, d'une expression qui lui est propre, « le père céleste ».

Que ton nom soit sanctifié

La première demande adressée au Père céleste regarde son nom : on demande qu'il *soit sanctifié*. Une précision pourra clarifier tout de suite la ligne de cette requête. Dans le milieu culturel biblique, le nom tient lieu de la personne et jamais il n'apparaît réductible à une pure dénomination. L'imposition, le changement de nom, indiquent un changement de sujet, une qualification en vue d'une mission à accomplir, une capacité nouvelle qui est conférée. Le nom manifeste et exprime ce qu'est la personne, il n'est compréhensible que s'il est pensé dans le milieu de la personne elle-même. En demandant au Père que son nom soit sanctifié, nous lui demandons, par conséquent, que Lui-même, comme personne, soit sanctifié.

Ici se pose le problème du sens de la « sanctification ». Le champ sémantique auquel le terme appartient se réfère strictement à la divinité ; il indique ce qui est proprement, typiquement divin. On se demande alors comment est pensable une quelconque sanctification pour Dieu. Le risque d'un discours qui tourne à vide ou qui soit tout à fait privé de sens a suggéré d'interpréter la sanctification non dans le sens d'une caractérisation ontologique pouvant se rapporter à Dieu, mais dans le sens d'une reconnaissance. Dans ce cas, nous pourrons dire que « ton nom », que « toi-même » sois reconnu comme saint : c'est une interprétation diffusée. Mais le verbe « sanctifier » ne comporte jamais, dans l'usage biblique, un rapport seulement de connaissance qui débouche sur une reconnaissance. Il se réfère à une action. Employé à la voix active, « sanctifier » signifie rendre saint, rendre semblable à Dieu ; à la voix passive, il souligne l'effet de cette similitude produite et réalisée. Réapparaît alors le problème qui semble sans fin : comment une sanctification du Saint, une divinisation de Dieu est-elle possible ? Un passage bien connu d'Ézéchiel nous fournit un solide élément de réponse : « Je *sanctifierai mon grand nom* qui a été profané parmi les nations au milieu desquelles vous l'avez profané. Et les nations sauront que je suis Yahvé – oracle du Seigneur Yahvé – quand je *ferai éclater ma sainteté, à votre sujet*, sous leurs yeux » (Ez 36, 23).

Le texte d'Ézéchiel, étant donné aussi le contact étroit qui existe entre Matthieu et tout l'Ancien Testament, se révèle illuminant. La sanctification dont il parle est réelle et est référée, en parallèle, d'abord au nom de Dieu qui parle, puis à Dieu lui-même comme sujet. Elle se réalise non par un impensable ajout à la sainteté de Dieu, mais par une participation à cette sainteté toujours plus répandue dans le peuple. Selon cette interprétation, on demande à Dieu le Père que sa sainteté se réalise et se répande dans sa grande famille chrétienne.

Que ton règne vienne

La demande suivante concerne le *règne de Dieu*, règne du Père qui est dans les cieux. Pour comprendre cette expression, il convient de se reporter à la réflexion théologico-biblique sur le règne, que nous trouvons déjà dans l'Ancien Testament et qui aboutit dans le Nouveau Testament. Le « règne de Dieu » ne se limite pas à la domination qui échoit à Dieu sur tout le créé, mais il implique une série d'initiatives qui appartiennent à Dieu et à l'homme, et que nous pouvons synthétiser ainsi.

On a d'abord un mouvement descendant : Dieu sort, en un certain sens, de son inaccessibilité et va à la rencontre de l'homme en lui faisant part d'une initiative. C'est l'entente entre Dieu et l'homme, l'« alliance », telle qu'elle a été explicitement appelée, qui comporte une proposition bilatérale : Dieu s'engagera en faveur de l'homme mais demande en échange à celui-ci d'observer les commandements. Ici apparaît un mouvement ascendant : l'homme sort de son niveau profane et ose aller à la rencontre de Dieu, dans une attitude de réciprocité disponible. En prenant acte de l'offre qui lui parvient de la part de Dieu, l'homme dit son « oui ». La rencontre des deux lignes, descendante et ascendante, détermine une situation nouvelle, qui comportera un partage fidèle et proche entre Dieu et l'homme, presque une symbiose. Cette nouvelle réalité s'appelle règne et se réalise déjà dans l'Ancien Testament, au moins à partir de l'alliance au Sinaï. Quant au Nouveau Testament, dans la ligne descendante, Dieu, qui s'est révélé comme Père, offre à l'homme la richesse du Christ et, dans la ligne ascendante, l'homme, en prenant acte de cette nouvelle offrande majorée, s'ouvre complètement à elle par le oui de la foi. La situation nouvelle, ainsi déterminée, est le règne de Dieu dans l'acception typique du Nouveau Testament.

Comme on le voit, il y a un développement, un passage de l'Ancien au Nouveau Testament. Mais une fois atteint le niveau du Nouveau Testament, il y a une impulsion ultérieure : le « règne » comportera une présence du Christ toujours plus pénétrante dans toute la réalité créée, dans les hommes et dans les choses et, à travers le Christ, une présence toujours plus proche de Dieu. Le terme ultime de ce mouvement sera le but eschatologique, où, comme le rappelle saint Paul, Dieu sera « tout en tous » (1 Co 15, 28). Le règne aperçu en cette phase conclusive appartient au futur, il est strictement eschatologique.

Revenons maintenant à notre texte. Quand le chrétien demande que « vienne » le règne du Père, il s'inscrit dans ce développement. Ce qu'il demande c'est une présence plus grande de la richesse du Christ parmi les hommes, dans leur vie, dans leurs structures, dans le monde où ils habitent. La requête concerne autant Dieu que l'homme, justement parce que Dieu a voulu se mêler à l'homme par l'offrande qu'il lui fait.

Que ta volonté soit faite

Une autre demande adressée au Père concerne la réalisation de sa volonté. La volonté du Père est ici comprise au sens objectif. Il s'agit de tout ce que Dieu a pensé pour l'homme : avant tout les commandements, toutes les indications qui proviennent de la parole de Dieu incarnée en Jésus-Christ et interprétée par l'Esprit. En outre, étant donné que Dieu, Créateur de tout, organise aussi le mouvement de l'histoire et fait tout en fonction de l'homme, nous pouvons dire qu'un message exprimant sa volonté se trouve également inclus dans l'histoire des individus. Faire la volonté de Dieu comporte une pleine docilité d'exécution par rapport à cet ample éventail qui la manifeste.

La demande adressée au Père de faire sa volonté n'est pas une résignation passive ; elle comporte un partage cordial. Le chrétien prend conscience que ce qu'il y a de meilleur pour lui se trouve dans ce que Dieu lui propose. De là provient le désir – il n'y a, en effet, pas de prière sans vrai désir – de faire sa volonté. Cette conception implique d'une part Dieu lui-même : en tant qu'il aime l'homme, il le prépare, car il désire ardemment la pleine réalisation de sa volonté ; d'autre part elle met à contribution l'homme, lequel reconnaît, avec crainte et joie, que Dieu le suit pas à pas, qu'il prend soin de lui et qu'il lui manifeste sa volonté en vertu de l'amour qu'il a pour lui. Il s'en suit, pour le chrétien, l'idéal d'une exécution adéquate, une réalisation qui, partant du niveau de l'homme, rejoint le niveau proprement divin, et qui porte sur la terre, zone de l'homme, la totalité du ciel, qui est la zone de Dieu. En ce sens, on précise que la réalisation de la volonté de Dieu surviendra sur la terre, mais en y apportant un niveau de perfection transcendante, quelque chose de divin, un rapport avec le ciel.

Donne-nous aujourd'hui notre pain de ce jour

La demande du pain : « Donne-nous aujourd'hui notre pain de ce jour », est au centre des sept demandes dans la formulation de Matthieu. C'est aussi celle qui apparaît comme la plus caractéristique du chrétien qui s'adresse à Dieu comme Père, car c'est le propre du père de donner le pain à ses enfants. En effet, la demande du pain conduit au milieu de vie dans lequel prend place la figure du père. Le pain, dans le milieu culturel biblique est, à la fin, réalité concrète et symbole. Dans le langage réaliste, le pain indique l'aliment de base de la vie. Dieu le Père, en se préoccupant du déroulement de la vie de l'homme dans son histoire concrète, prend aussi à cœur, par conséquent, la nourriture qui rend celle-ci possible. Cette considération est ici interprétée dans l'optique familiale. La nourriture qui est demandée à Dieu n'est plus l'herbe, comme dans la Genèse (cf. Gn 1, 29), mais le pain, la nourriture faite par l'homme pour l'homme, pain partagé dans la famille par les différents membres. Se tournant alors vers Dieu spécifiquement comme Père, le chrétien s'appuie sur la paternité familiale de Dieu et lui demande cette nourriture qui lui sert pour vivre.

Mais le pain est aussi symbole. Il évoque, comme tel, tout ce qui sert pour une vie dans l'espace et dans le temps, tout ce qui rend la vie familiale non seulement possible, mais aussi agréable. Il s'agira des vêtements, des habitations ; il s'agira de tout cet environnement qui, bien que secondaire par rapport à la nourriture, contribue à ce que la vie puisse être vécue avec sérénité et dignité.

Le pain est demandé ce jour et pour ce jour. On a une double insistance sur la quotidienneté. Elle est significative : on suppose, en effet, que Dieu comme Père suit, avec une attention digne de lui et digne des enfants dont il s'occupe, le déroulement de leur vie, une vie qui se déroule dans le temps et l'espace. Le soin du Père poursuivra alors le fils toujours et partout, sans la moindre interruption. C'est vraiment ce rapport vivant, constant et simultané avec le Père, qui porte les enfants à demander à chaque moment, à chaque occasion, en chaque endroit, ce qui est nécessaire et utile à leur existence. Ils ne cherchent pas à amasser des trésors sur la terre, ils ne cherchent pas non plus à se prémunir des circonstances imprévisibles du futur, en se fermant par un calcul humain. Le chrétien sait vivre au jour le jour, parce qu'il sait qu'il est suivi, aimé, guidé, protégé par le Père, sans anticipation ni retard.

Finalement, la cadre familial dans lequel prend place la demande englobe toute la famille. Le pain demandé est « notre » et non pas « mon » pain. C'est le pain de tous, qui concerne tout le monde. Nous le demandons les uns pour les autres. L'esprit de famille qui est suggéré par la figure biblique de la paternité, comme nous l'avons souligné plusieurs fois, comporte aussi une réciprocité horizontale entre les frères chrétiens. Ceux-ci doivent se sentir ensemble enfants du Père. Cette prise de conscience les guidera alors vers une attitude qui reflétera, dans sa réciprocité, l'attitude verticale du Père à leur endroit.

Pardonne-nous nos offenses

Les chrétiens sont conscients qu'ils ont, à l'égard de Dieu le Père, des « dettes » dont ils doivent s'acquitter. C'est une image symbolique pour exprimer une triste réalité. Il s'agit de ce vide, de cette insuffisance lacunaire, que même les chrétiens peuvent commettre dans le cadre de leur existence par leurs choix erronés : les « péchés ».

L'homme se doit ce que Dieu lui donne. Un vide par rapport au contexte de réalité-valeur imaginé par Dieu devient, par conséquent, une dette – selon l'image symbolique utilisée – que l'homme contracte, avant tout, avec lui-même. Mais comme Dieu est Père et infiniment Père, il considère, par une appropriation d'amour, comme occasionné à lui personnellement, le mal que l'homme réalise à son propre dommage. Ce processus d'appropriation dans l'amour assume des contours plus précis quand, par exemple, on parle d'alliance, de commandements, de loi, provenant toujours de Dieu et exprimant sa volonté d'amour. Dieu le Père prend l'homme au sérieux et veut être pris au sérieux par l'homme. Alors, si ce que Dieu demande à l'homme – mais toujours à l'avantage de l'homme – n'est pas réalisé, il se forme un vide qui touche Dieu lui-même, une fracture se réalise dans l'intersubjectivité. Dieu le Père vient à la rencontre de l'homme ; il dépasse les fractures et comble lui-même ces vides. En filant la métaphore, Dieu remet nos dettes. Il veut que l'homme le lui demande pour qu'il prenne conscience de l'importance de l'enjeu.

Nous avons vu comment le rapport avec Dieu le Père se réalise dans le cadre concret d'une famille. Le chrétien a, à ses côtés, d'autres fils de Dieu qui sont ses frères. Et comme l'attitude de Dieu à l'égard de la personne humaine est exemplaire, le chrétien devra transférer dans le rapport horizontal ce qu'il reçoit dans le rapport vertical. Par conséquent, les « vides » qui s'ouvrent dans les rapports réciproques, les fractures, tout ce qui se conclut dans un engagement non maintenu, ce qui constitue une lacune, un manque de bonté, d'attention, d'aide, d'amour à l'égard des uns et des autres, constitue une liste de « dettes » horizontales qui doivent être éliminées comme on veut éliminer la « dette » à l'égard de Dieu. Autrement, le flux de bonté qui part de Dieu et veut traverser les hommes pour retourner à Dieu demeure bloqué.

Quand il s'agit du plan horizontal, l'homme se meut dans son propre milieu. Impuissant à combler les vides qui le séparent de Dieu, à « payer ses dettes » envers lui, l'homme chrétien peut le faire à l'égard des autres hommes qui se trouvent au même niveau que lui. Et il devra le faire. Il y a une exigence de « famille » de la part de Dieu le Père, qui veut être imité en cette bonté constructive à outrance. Par conséquent, pour pouvoir invoquer Dieu comme Père, l'homme chrétien doit d'abord aider ses frères. Dieu refuse d'être invoqué en dehors de ce milieu familial, et repousse qui prétend le rejoindre seul en excluant les autres. Positivement, il faut dire que le chrétien sera sûr d'être accueilli par le Père s'il fait pour les autres ce qu'il désirerait pour lui et, quant aux « dettes » contractées, s'il les remet, y remédie et reconstruit avec ténacité toutes les malformations qui surviennent dans le rapport horizontal.

Ne nous soumets pas à la tentation mais délivre-nous du mal

Les deux dernières demandes du *Notre Père* concernent encore le mystère du péché, vu dans les deux éléments qui le conditionnent facilement : la tentation et le malin.

Le concept biblique de tentation est particulier et, plus que d'un concept au sens strict, il s'agit d'un agglomérat de concepts. On a une tentation quand certaines valeurs réalisées avant, individuellement ou collectivement, sont soumises à une pression. Il peut s'agir d'une pression individuelle, collective, momentanée ou prolongée. L'exemple le plus clair est l'errance dans le désert qui sépare la sortie d'Égypte de l'entrée dans la Terre promise. Ce sont les quarante années de la « tentation dans le désert » (Ps 94, 8). Les valeurs de l'alliance, proposées et acceptées par le peuple, sont soumises à une pression multiple : la quotidienneté, le manque d'événements marquants, surtout la maturation souterraine du peuple de Dieu qui se mélange progressivement et apprend à être libre, et, enfin, la pression des circonstances dans l'adversité. La tentation peut avoir une issue positive. Il en sortira alors, comme fruit de l'épreuve subie, une consolidation des valeurs précédentes. Ainsi, par exemple, le premier livre des Maccabées souligne qu'Abraham « dans la tentation, fut trouvé fidèle » (1 M 2, 52 ; cf. Si 27, 5.7). Mais, étant donné la faiblesse de l'homme, la tentation peut avoir aussi une issue négative : si la pression de l'épreuve excède la capacité de résistance de l'homme, la tentation devient l'occasion irréversible et la cause d'un choix erroné (cf. Mt 26, 41 ; Mc 14, 38 ; Lc 22, 40.46). La tentation-épreuve s'ajoute au mystère du mal avec lequel l'homme est toujours en contact. Et mystère du mal signifie aussi mystère de sa faiblesse incohérente. On demande alors à Dieu le Père une intervention de défense : qu'il nous évite d'entrer dans les sables mouvants de ces tentations dont l'issue serait négative.

L'expérience du peuple de Dieu dans le désert suggère une autre interprétation possible, plus proche de la terminologie employée : « tentation » qui, en grec, a de soi un sens actif, indiquerait, plus que la tentation subie, la tentation dont l'homme se fait le protagoniste. Plusieurs fois dans l'expérience du désert, le peuple est porté à « tenter » Dieu, à le mettre à l'épreuve (cf. Ex 17, 27 ; Dt 6, 16 ; 9, 22 ; Ps 94, 8). C'est une attitude négative parce qu'elle s'oppose à l'abandon confiant et sans réserve que mérite le soin de Dieu à l'égard des siens. Mais c'est surtout un manque de filiation : il signifie ne pas avoir confiance, en prétendant trouver une garantie qui tranquillise l'homme dans son propre milieu.

Si la tentation met en contact avec le mystère du mal, on en trouve une majoration et une explicitation quand le mal est personnifié dans « le malin » : il s'agit du démon, de satan. L'expérience que le chrétien a pu faire soit à travers ses observations personnelles, soit en écoutant l'Ancien Testament, lui indique qu'il existe un réseau complexe de pièges, d'oppositions, qui, en se concrétisant dans son histoire, tendent à le tromper. Le chrétien sait qu'il y a en lui des points faibles, sur lesquels le démon pourrait avoir prise, et il lui est difficile de les percevoir tous. Cette situation, qui pourrait déboucher sur une tension dramatique, ne doit pas avoir d'incidence sur la sérénité de fond des fils de Dieu. Dieu le Père a surmonté le mal de l'histoire dès le début et l'a vaincu par la mort de Jésus. Il peut alors en défendre convenablement ses enfants, non seulement en les mettant en garde, mais en les arrachant directement aux prises du « malin ».

Cette ultime demande constitue, au fond, un rappel du réalisme de la situation précaire du chrétien. Celui-ci ne peut se nourrir d'illusions. Même s'il est en vérité fils de Dieu, il ne peut pas croire avoir déjà atteint un niveau de sécurité qui le situerait au-dessus de tout risque. Il est toujours en voyage. Et il demande alors au Père de protéger son chemin, de le libérer aussi de lui-même, de ces zones d'attaque du « malin » dont il se sent porteur.

Nous notons enfin comment, en comprenant « tentation » soit au sens d'épreuve-limite, soit au sens actif, sont aussi confiés à Dieu, dans la prière, les peurs de l'homme, le risque de faire du mal, et même celui de ne pas avoir confiance en lui. On n'insiste pas sur un volontarisme qui stimule l'homme, mais on demande à Dieu ce qui devrait provenir de l'homme. Conscient, parce qu'instruit par le mystère du mal, qu'il est faible, fragile, qu'il peut plus difficilement tenir ses engagements de fond, le chrétien confie aussi à Dieu ces éventualités négatives. Il ne s'enferme pas en vase clos, mais se jette avec courage dans les bras du Père.

Le *Notre Père*, synthèse de l'Évangile

Après avoir analysé la formulation du *Notre Père* chez Matthieu, nous nous demandons si on peut trouver, toujours dans le milieu de Matthieu, des résonances par rapport aux thématiques qui émergent dans les demandes particulières. La réponse est de façon surprenante positive : les résonances et les développements sont multiples. En voici quelques exemples.

D'abord, une insistance sur l'expression « Notre Père qui es aux cieux » qui rappelle « Père céleste ». Comme nous y avons fait allusion, le terme « céleste » adressé à Dieu, et explicitement à Dieu comme Père, est typique de Matthieu. Des sept occurrences de « céleste » qui se réfèrent au Père, deux sont rapportées à Jésus : « mon Père céleste » (Mt 15, 13 ; 18, 45) ; cinq sont dites par Jésus aux chrétiens : « votre Père céleste » (Mt 5, 48 ; 6, 14 ; 6, 26.32 ; 23, 9). Quand les chrétiens accueillent le message de Jésus et dans la mesure où ils le font, on a comme un passage de Jésus vers eux. Et une fois que « mon Père céleste » est devenu « votre Père céleste », les chrétiens seront capables de dire « Notre Père qui es aux cieux ».

Nous trouvons, donc, développé – même si c'est plus implicite –, le concept d'une participation à la « sainteté » de Dieu, exprimé dans la demande de la sanctification du « nom ». Quand Jésus insiste pour que les hommes aient les mêmes attitudes que le Père céleste, que nous sachions donc aimer comme lui, pardonner comme lui, agir comme lui, en conformité avec ce qu'il est, il fait appel à la réalité transcendante propre à Dieu, à sa sainteté. Il est possible, par exemple, d'utiliser la bonté qu'utilise le Père céleste, parce que, comme enfants qui lui ressemblent de l'intérieur, nous partageons à la racine sa sainteté (cf. Mt 5, 48).

Quant à la demande de la venue du règne, nous trouvons chez Matthieu un développement plus ample que chez les autres évangélistes. Le règne de Dieu – que Matthieu appelle 33 fois « royaume des cieux », deux fois « royaume du Père » (13, 43 ; 26, 29) – prend corps dans l'Église, qui est la situation émergeante quand l'offrande du Christ faite par le Père est accueillie par les hommes. De cette situation sont tracés la réalité, le développement dans le temps et la fin eschatologique. Particulièrement caractéristiques à cet égard sont les « paraboles du royaume » (cf. Mt 13, 1-51 ; voir 13, 11) où le « royaume des cieux », le royaume du Père, est vu en son devenir, avec le développement caractéristique noté plus haut.

Le rappel adressé à la volonté de Dieu pour qu'elle se réalise de façon optimale est suggéré surtout par le contexte dans lequel prend place la formulation du *Notre Père* : le Discours sur la montagne. Il contient une documentation, ample et détaillée, de ce qu'est la volonté, – de ce que sont, pourrions-nous dire, les ambitions – de Dieu le Père à l'égard des hommes, ses enfants. La demande de pleine réalisation de la volonté de Dieu coïncide parfaitement avec la requête, très claire même si elle est implicite, qui affirme que ce qui est indiqué dans le Discours sur la montagne – des béatitudes qui l'inaugurent à l'accueil de la parole de Dieu qui le clôt – est compris et mis en œuvre. Nous trouvons tout cela confirmé et développé dans l'insistance, elle aussi typique de Matthieu, sur la volonté du Père. C'est une volonté empressée qui veut qu'aucun des petits ne se perde (Mt 18, 14), qui exige une réalisation concrète au-delà des paroles (Mt 7, 21), qui produit un lien étroit avec Jésus (Mt 12, 50). C'est justement Jésus qui porte à son maximum, pour lui et pour les hommes, l'accomplissement de la volonté du Père quand, à Gethsémani, il lui dit : « Que ta volonté soit faite » (Mt 26, 42).

La demande du pain quotidien, au sens large que nous avons illustré, trouve en Matthieu une continuité et une explication quand est soulignée l'exigence d'une confiance totale envers Dieu pour ce qui a trait à la nourriture et au vêtement, réalisée jour après jour, dans la quotidienneté : « À chaque jour suffit sa peine » (Mt 6, 34).

La demande d'une rémission des « dettes » directement proportionnelle à celle pratiquée par le chrétien envers ses propres « débiteurs » se reflète dans l'exigence d'accueillir, de pardonner, d'user de miséricorde, et elle est particulièrement soulignée par Matthieu. Le texte le plus emblématique est la parabole des deux débiteurs (Mt 18, 21-35). La bonté du maître qui, « apitoyé » (Mt 18,27), remet une dette immense, si elle est comprise et évaluée correctement par le serviteur endetté, devra le conduire à user à son tour de bonté et de miséricorde au niveau horizontal, où les dettes sont infiniment plus faibles. Les paroles de Jésus se font incisives : « C'est ainsi que vous traitera aussi mon Père céleste, si chacun de vous ne pardonne pas à son frère du fond du cœur » (Mt 18, 35). Jésus exige une ouverture inconditionnée à la bonté du Père, et non pas une ouverture et un accueil passifs. La bonté infinie du Père doit être personnalisée, réinterprétée par l'homme qui veut vraiment être fils de Dieu.

La demande de ne pas entrer en tentation présente, dans l'épisode des tentations de Jésus, un cadre de vérification des points critiques sur lesquels peut s'abattre la pression activée par le démon. Il est « tenté » de retourner à son propre avantage la capacité de faire des miracles. C'est à proprement parler une question de pain, du pain nécessaire pour la vie. Jésus, après le jeûne, sent l'exigence de ce pain, de cette nourriture, mais se confie complètement à Dieu. Il est vraiment Fils de Dieu, mais se servira de cette qualité qui est sienne pour les autres (cf. Mt 4, 2-4). De nombreuses tentations touchent l'exigence du pain quotidien, au besoin qu'a l'homme de se nourrir, aux éléments indispensables – ou qu'il croit tels – à sa vie. Il devra travailler et se les gagner. Mais surtout, il devra tenir présente l'exigence première de rechercher le « royaume de Dieu et sa justice » (Mt 6, 33). Le reste, y compris le pain, lui sera donné par surcroît. Il suffira que le chrétien le demande.

Un second secteur sur lequel s'appuie la tentation est la confiance envers Dieu. La suggestion du malin à Jésus est symptomatique : il y a une parole engageante de Dieu que Jésus pourrait forcer en sa faveur (Mt 4, 5-6). Ce type de tentation se réalise par un mélange de raisonnements par lesquels l'homme tend à enclore ce qui appartient à Dieu – son existence, sa parole, ses interventions, sa providence – dans le circuit fermé de ses pensées. Si Dieu existe, il ne peut le permettre. C'est une tentation insidieuse, de laquelle on ne sort qu'en renouvelant sa confiance inconditionnée envers Dieu, dont les chemins ne sont pas ceux de l'homme. L'homme devra éviter de « tenter Dieu » (Mt 4, 7). C'est ce qui est exigé par le *Notre Père*, selon une des interprétations proposées.

Le troisième secteur est le plus évident : on propose à Jésus un royaume terrestre. C'est la tentation d'une valorisation absolue, en milieu clos, de ce qui est contingent, sensible, matériel. En général, la tentation sera inévitable, elle pourra aussi être utile. Le chrétien, en se maintenant, comme Jésus, dans une situation de dialogue avec le Père céleste, et en lui parlant aussi de ses tentations, évitera le risque de l'isolement, de la coupure, dans lesquels tombèrent en revanche les disciples à Gethsémani, malgré l'avertissement de Jésus.

La libération du « malin », ultime demande présentée au Père, acquiert un relief singulier au sein de l'Évangile de Matthieu, qui utilise le terme avec une fréquence caractéristique. L'éventail, plutôt ample, des attributions présente une articulation unitaire : il y a une racine de la malice constituée par le démon (cf. Mt 5, 37 ; 13, 19) qui tend à germer dans le cœur des hommes qui en accueillent la pression et qui, par conséquent, sont dits « fils du malin » (Mt 13, 38). En devenant des protagonistes actifs de la malice (cf. Mt 9, 4), les hommes appartenant au démon constituent une « génération mauvaise » (Mt 12, 39) ; ils savent dire « toute sorte d'infamie » (Mt 5, 11). La lame trouble de la malice rejoint aussi les chrétiens, qui devront s'en défendre avec fermeté (cf. Mt 6, 23 ; 13, 19). En un mot, il existe tout un contexte organisé de « malice » – l'opposé de la bonté de Dieu (cf. Mt 20, 15) – qui, en partant du démon, cherche à circonvenir les hommes. Seul le contact avec le Père, qui rend le chrétien fils semblable à lui, permet de ne pas en être victime.

On pourrait fournir d'autres exemples de résonances du *Notre Père* dans l'Évangile. Ceux que nous avons vus sont suffisants pour nous faire toucher du doigt un fait important. Le *Notre Père* se ramifie, en pénétrant un peu partout dans l'Évangile de Matthieu. En même temps synthétisée en un schéma et, peut-être, ayant déjà été récitée dans la liturgie, la « formule » existait à l'état diffus dans le vécu polyvalent de la communauté matthéenne.

On comprend plus facilement ici comment le *Notre Père* est la « synthèse de l'Évangile ». Chaque croyant, par cette prière, invoque la miséricorde du Père, sachant que celle-ci est le véritable et pur visage que Jésus a révélé. Avec la prière du *Notre Père*, chacun découvre toujours plus profondément qui il est et ce à quoi il est appelé. En révélant le visage de Dieu comme Père, Jésus enseigne à tous les hommes à recomposer en eux la même figure de paternité. Celle-ci dit amour qui pardonne, attention pour chaque exigence, confort et assistance en tout ; en un mot, proximité perpétuelle de Dieu, qui donne à chacun la vraie vie nouvelle qui ne connaît pas de fin.

« Combien grande est la miséricorde du Seigneur, combien grandes sont sa faveur et sa bonté, pour nous faire ainsi prier en présence de Dieu, jusqu'à l'appeler Père ! Et, comme le Christ est Fils de Dieu, ainsi nous aussi nous sommes appelés fils. Personne, parmi nous, n'aurait jamais osé employer ce mot dans la prière : il fallait que le Seigneur lui-même nous y encourage.

Mais il nous faut nous souvenir, frères bien-aimés, quand nous nommons Dieu notre Père, que nous devons nous comporter en fils de Dieu. Si nous nous complaisons en Dieu, notre Père, il doit pouvoir également se complaire en nous. Nous devons être comme les temples de Dieu, où les hommes puissent rencontrer sa présence. Notre conduite ne doit pas trahir l'Esprit ; nous avons commencé à devenir célestes et spirituels, il nous faut penser et accomplir que ce qui est céleste et spirituel. Le Seigneur Dieu lui-même a dit : « *J'honorerai ceux qui m'honorent, mais ceux qui me méprisent seront méprisés* » (1 R 2, 30). L'apôtre dit dans son épître : « *Vous ne vous appartenez plus. Vous avez été achetés à grand prix. Glorifiez et portez Dieu dans votre corps* (1 Co 6, 19) » (S. Cyprien, *De Dominica oratione*, 11) [1].

1. In A. HAMMAN, *Le* Pater *expliqué par les Pères*, Paris 1962, 31-32.

Table des matières

Ouvrage composé par Express Compo
et achevé d'imprimer en septembre 1998
par l'imprimerie France Quercy
N° d'impression : 81842
N° d'édition : 98124
dépôt légal : octobre 1998